ゲーム的リアリズムの誕生

動物化するポストモダン2

東 浩紀

講談社現代新書

1883

目次

B　文学 I

第2章　作品論

付録

序章

本書は、筆者が二〇〇一年に出版した『動物化するポストモダン』の続篇であるとともに、現在の日本で流通する「文学」のひとつの展開を追跡し、それを通して社会と物語の関係について考える、独立の評論でもある。本書の議論は、大まかには前著を前提としているが、単独でも読めるように書かれている。前著を未読の読者でも議論を追えるように、言葉の使いかたや議論の順序には最大限の配慮をした。

とはいえ、読者の戸惑いを少なくするためには、やはり予備的な説明を加えておいたほうがいいだろう。前著の読者にはいささか退屈かもしれないが、議論を始めるまえに二つのことを確認しておきたい。

ポストモダンとオタク

まず確認しておきたいのは、前著と本書で共通する「オタク」の位置づけである。本書は、いま述べたように、現代の日本で流通する物語を主題にしている。しかし、筆者はここでは、純文学も一般的なエンターテインメント小説も、また映画やドラマも取りあげていない。
かわりに議論の中心になるのは、芥川賞とも直木賞とも関係がなく、文芸評論で扱われることもなく、アニメやゲームとのメディアミックスは盛んだが、映画化やドラマ化の機会にはほとんど恵まれることのない、若い世代を対象としたエンターテインメント小説であり、またその近傍で成長したコンピュータ・ゲームである。それらのジャンルは、それぞれ「ライトノベル」「美少女ゲーム」と呼ばれ、読者層は「オタク」と呼ばれるサブカルチャー集団と深く結びついている。つまり、私たちがこれから検討するのは、多くの読者が親しんでいる文学賞受賞作やベストセラーではなく、それに較べるとマイナーで、読者層も限られたオタクたちの文学である。『動物化するポストモダン』の副題は「オタクから見た日本社会」だったが、それに準《なぞら》えれば、本書はあたかも「オタクから見た日本文学」とでも呼ぶべき内容になっている。

この範囲の限定は、一部の読者を戸惑わせるのではないかと思う。日本社会を考えるうえでオタクが重要であるという主張は、まだ同意を得やすいかもしれないが、日本文学を考えるうえでオタクが重要であるという主張は、かなり唐突に響くだろうからだ。しかし、この選択には合理的な理由がある。そして、その理由は前著の内容と深く関係している。

前著の『動物化するポストモダン』は、タイトルに示されているように、ポストモダンとオタクの関係を中心とした社会分析の書物である。「ポストモダン」あるいは「ポストモダン化」は、一九七〇年代以降の先進諸国で生じた社会的変化を意味し、「オタク」とは、同時期の日本で成長した、マンガやアニメ、ゲームなどを中核とした趣味の共同体を意味している。

ポストモダンもオタクも、日本では流行語になってしまったため、いまでは多様な意味を抱えている。そのためにかえって見えにくくなっているが、ポストモダン化の進展とオタクの出現は、時期的にも特徴的にも関係している。したがって、オタクについてポストモダンの概念を使って、また逆にポストモダンについてオタクの経験を参照して考えることには意味がある。そして、その視点からは、いままでの日本社会論ではなかなか語られなかった、戦後日本のある側面が見えてくる。筆者は前著で、このような立場のもとでオタクの歩みに注目し、一九九五年以降、若いオタクが急速に物語に関心を失っているように見えること（「萌え」「データベース消費」の台頭）、そしてその変化が、短期的な流行ではなく、むしろポストモダンの徹底化、すなわち「大きな物語の衰退」の反映として分析できることを指摘した。本書の議論は、まずはそのような状況認識を前提としている。

私たちはポストモダンと呼ばれる時代に生きている。ポストモダンでは物語の力が社会的にも文化的にも衰える。そして、現在の日本では、オタクたちの作品や市場が、そのようなポストモダンの性格をもっとも克明に反映し、表現や消費のかたちをもっとも根底的に変えている。したがって筆者は、二〇〇〇年代の物語的想像力の行方について考えるために、まずは、その物語の衰退にもっとも近くで接しているはずの、オタクたちの表現に注目するべきだと考える。これが本書の出発点である。

ポストモダンと物語

つぎに確認しておきたいのは、いままでの文章でもすでに問題となっていた、「ポストモダン」と「物語」の関係である。筆者は本書では、前著との重複を避けるために、ポストモダンの概念についてあらためて説明を行わない。本書の議論では、この言葉については、「大きな物語の衰退」ていどの理解でも文意を追えるようになっている。しかし、誤解を避けるため、あることだけ補足しておきたい。

ポストモダン化は、社会の構成員が共有する価値観やイデオロギー、すなわち「大きな物語」の衰退で特徴づけられる。一八世紀の末から一九七〇年代まで続く「近代」においては、社会の秩序は、大きな物語の共有、具体的には規範意識や伝統の共有で確保されていた。ひとことで言えば、きちんとした大人、きちんとした家庭、きちんとした人生設計のモデルが有効に機能し、社会はそれを中心に回っていた。しかし、一九七〇年代以降の「ポストモダン」においては、個人の自己決定や生活様式の多様性が肯定され、大きな物語の共有をむしろ抑圧と感じる、別の感性が支配的となる。そして日本でも、一九九〇年代の後半からその流れが明確となった。これが、前著と本書の前提にある時代認識である。

ところが、このような時代認識を提示すると反論が寄せられることが多い。それは、ポストモダンでは大きな物語は衰退すると言うが、現実には大きな物語はさまざまな局面で復活し、増殖しているのではないか、という反論である。

二一世紀はポストモダンだという。しかし、実際には世界的には、大きな物語の衰退どころか、文明の衝突や原理主義の復活こそが問題となっている。国内を見ても、ナショナリズムや伝統の復活を願う声はますます高まっている。映画や小説を見ても、緻密な設定と重厚な世界観をもつ長大な物語は、以前と変わらず求められ続けている。話題を『動物化するポストモダン』が対象としたオタクの市場に限定したとしても、そこでも萌えの流行は一段落し、逆に物語が復活しつつあるように見える。(1) そもそも、いまやインターネットは、政治分析からカルトや陰謀論、内部告発まで、世界中の人々が投稿した無数の大きな物語で満ちている。つまりは、マクロな水準でもミクロな水準でも、現在の状況は、大きな物語の衰退というよりも、むしろ物語の過剰や氾濫と捉えたほうが適切なのではないか。

「大きな物語の衰退」という表現を常識的に理解するならば、このような疑問が生じるのはもっともかもしれない。しかし、その反論は実は誤解に基づいている。というのも、ポストモダン論が提起する「大きな物語の衰退」は、物語そのものの消滅を論じる議論ではなく、社会全体に対する特定の物語の共有化圧力の低下、すなわち、「その内容がなにであれ、とにかく特定の物語をみなで共有するべきである」というメタ物語的な合意の消滅を指摘する議論だったからである。

ポストモダンにおいても、近代においてと同じく、無数の「大きな」物語が作られ、流通し、消費されている。そして、それを信じるのは個人の自由である。しかし、ポストモダンの相対主義的で多文化主義的な倫理のもとでは、かりにある「大きな」物語を信じたとしても、それをほかのひとも信じるべきだと考えることができない。たとえば、もしかりにあなたが特定の宗教の熱心な信者だったとして、現代社会はその信仰は認めるが、あなたがすべてのひとがあなたの神に帰依《きえ》するべきだと考え、ほかの神への寛容を侵害する

(1) 西尾維新や奈須きのこのような活劇作家（いわゆる「新伝綺」）の成功を念頭に置いている。西尾や奈須には本論でもふたたび触れる。

ことは、たとえそれこそが信仰の表れだったとしても決して許さない。言いかえれば、ポストモダンにおいては、すべての「大きな」物語は、ほかの多様な物語のひとつとして、すなわち「小さな物語」としてのみ流通することが許されている（それを許せないのがいわゆる原理主義である）。ポストモダン論は、このような状況を「大きな物語の衰退」と呼んでいる。

　したがって、現代社会が物語に満たされていることは、「大きな物語の衰退」論への反証にはならない。オタクたちの物語が、たとえ内容的には気宇壮大な奇想に満たされていたとしても、多様な消費者の好みに合わせて調整され、「カスタマイズ」され、それゆえにほかの物語を想像させる寛容さを抱えて作られているかぎりにおいて、それは「データベース消費」のもとにある「小さな物語」として捉えるべきだと筆者は考える。この「ほかの物語を想像させる寛容さ」は、本論でのち論じていくように、現代の文学を考えるうえで鍵となる概念である。

ポストモダンの世界をどう生きるか

　以上で本論に入る準備はできたが、ここでもういちど本書の狙いについて触れておきたい。

すでに述べたように、本書は『動物化するポストモダン』の続篇であり、前著に引き続いてオタクたちの想像力を扱っている。この主題の選択はいまでも一般的と言えないが、それでも、オタクまわりの言論状況は、前著の出版から現在までの五年強で大きく変わったと言える。

あらためて指摘するまでもなく、オタクたちの作品と市場は、二〇〇〇年代の前半に広い社会的な認知を獲得している。二〇〇三年に宮崎駿《はやお》が『千と千尋の神隠し』でアカデミー賞を受賞し、同時期に村上隆がオタク的な意匠で名声を獲得し、二〇〇四年にヴェネチア・ビエンナーレ国際建築展の日本館でオタクが特集され、二〇〇五年には『電車男』がベストセラーとなり、「萌え」が流行語大賞のトップテンに選ばれた。その変化は政治経済の領域にも及んでいる。ここ数年は、アニメやゲームの分析が、「クール・ジャパン」や「コンテンツ産業」、「知的財産権」という表現で、論壇誌や経済誌の誌面を賑わせ続けている。有力政治家のひとりは、マンガやアニメに言及し、オタクの支持を積極的に集めている。シンクタンクもオタクの研究に余念がない。オタクたちが集まる街、秋葉原はいま日本でもっとも注目される街区だと言えるし、ブログやSNS（ソーシャル・ネットワーキング・サービス）など、二〇〇〇年代に現れた新しいメディアは、オタク的話題に親和性が高い。前著ではまずオタクの紹介から入らなければならなかったが、いまやその必要はないだろう。

むろん、これらの現象はひとつの流れを形作っているわけではない。実際には、そこには、世代間格差をはじめ、さまざまな差異が刻まれている。しかしそれでも、オタクたちの想像力が、いま総じて社会の表舞台に現れ、影響力を強めていることは疑いない。したがって、オタクたちの文学を取りあげる本書の議論を、その流行のひとつとして捉える読者もいるだろう。

筆者はその理解を否定しない。本論でもふたたび紹介するように、二〇〇四年から二〇〇五年にかけて、前述のような社会全体の変化と連動しつつ、出版業界ではライトノベルへの注目がちょっとしたブームになった。本書の基礎となった原稿は、二〇〇三年から二〇〇五年にかけて、そのブームの中心にあった小説誌に連載され、業界の変化を肌で感じつつ書かれている。(2) 筆者はこの数年、批評家や研究者というよりも、より当事者に近い立場で、作家に会い、編集者と情報を交換し、企画に携わってきた。そのときに得た知識や感覚は、本書の記述に流れこんでいる。したがって、本書は、確かに二〇〇〇年代前半のオタク・ブーム、ライトノベル・ブームの産物である。そしてまた、本書は、そのような観点から読まれても、それなりに刺激的で、有益な情報を提供できるようにも書かれている。

しかし、ここまでの文章からも明らかなように、本書の中心は、そのような流行の紹介や分析にはない。筆者の関心は、オタクたちの特殊な文化を特殊な文化として紹介することにではなく、その特殊性に宿る普遍的な問題を抽出することにある。

別の言葉で言いかえるならば、筆者の関心は、オタクという共同体や世代集団の考察にではなく、彼らの生を通して見えてくる、ポストモダンの生一般の考察にある。それはもはや流行の問題ではないし、若者文化の問題でもない。その問題意識は、むしろ、『動物化するポストモダン』が「動物的」と描写したポストモダンの消費者が、それでも「人間的」に生きるためにはどのように世界に接すればよいのかという、前著から引き継がれた、複雑でそして実存的な問題と深く関係している。筆者は、第2章の最後で、ふたたびこの問題に触れることになるだろう。

残念ながら、筆者は本書では、ポストモダンの生と実存の問題にはほとんど踏みこむことができていない。しかし、本書の、一方ではとても時代的で風俗的に見えるサブカルチャー分析や作品分析が、他方でそのような普遍的で実存的な問題意識に下支えされている

（2）　筆者は二〇〇三年から二〇〇五年まで、講談社の小説誌『ファウスト』で、「メタリアル・フィクションの誕生　動物化するポストモダン2」という連載を行った。本書はもともとその連載の書籍化として企画された。結果的に本書の議論はまったくの書き下ろしとなったが、問題意識や分析対象は連載版と大きく重なっている。

ことを、読者のみなさんがもし頭の片隅にでも止めておいてくれるとすれば、筆者としてはとても嬉しく思う。

なお、本書では、いくつかの小説やゲームを分析するが、議論の必要からやむをえず物語上の謎やトリックの中核的なアイデアを暴露してしまうことがある。いわゆる「ネタバレ」だが、それはとくに、第2章での『Ｅｖｅｒ17』と『ひぐらしのなく頃に』の読解において顕著である。そして、そのネタバレは議論の展開と深く結びついているので、本書では、該当箇所を飛ばしてつぎに進め、と指示することもしていない。読者はその点をあらかじめ了承していただきたい。

第1章　理論

A　社会学

1——ライトノベル

私たちはポストモダンと呼ばれる時代を生きている。ポストモダンは大きな物語の衰退で特徴づけられる。そして日本では、オタクの作品と市場に、その「物語の衰退」という条件がとりわけはっきりと現れている。序章で確認したように、私たちは以下、この前提から出発して文学の現在について考えることにしたい。

それでは、この、物語が成立しない、あるいはむしろあまりにもたやすく成立してしまう「データベース消費」的な環境において、物語はどのようなかたちで生き残るのだろうか。そして、物語のその新しいかたちは、私たちにどのような可能性を見せてくれるのだろうか。

第1章では、二つの問いを軸としていくつかの新しい概念を提案しよう。そして続く第2章では、それらの概念を用いて、ポストモダンでオタク的な物語を対象とする新しい批評を提案したいと思う。

二〇〇〇年代の「再発見」ブーム

さて、はじめに述べたように、ポストモダンの文学状況について考えるために、本書ではまず、いわゆる純文学や一般小説ではなく、**「ライトノベル」**と呼ばれる小説群に注目する。

ライトノベルとはなにか。もっとも一般的な定義を記すとすれば、それは、マンガ的あるいはアニメ的なイラストが添付された、中高生を主要読者とするエンターテインメント小説である。多くは文庫やノベルスで販売されているが、近年はハードカバーで刊行される例も増えてきた。ライトノベルには多くの種類があり、出版点数も多いが、読者によってはまったく目にしたことがないひともいるだろう。そのような読者には、まずは、書店で文庫売場や新書売場ではなく、コミック売場に行ってもらい、その近くに平積みになっている派手なパッケージの文庫本を探してもらいたいと思う。それが典型的なライトノベルだ。

ライトノベルの起源は一九七〇年代にまで遡《さかのぼ》る。ソノラマ文庫やコバルト文庫は多くの名作を生みだし、のちのライトノベルに大きな影響を与えた。

しかし、現在のライトノベルの特徴を決定したのは、一九八八年に創刊された角川スニーカー文庫と富士見ファンタジア文庫だと言われている。小説家の新城カズマは、自ら記した解説書である『ライトノベル「超」入門』で、神坂一《かんざかはじめ》が『スレイヤーズ！』を出版した一九九〇年を「「狭義のライトノベル」の発展方向が確定した年」「元年」だと記している。[1]「ライトノベル」という呼称が生まれたのもこの時期であり、それ以降、ライトノベルは、一般的な文芸から離れ、アニメやゲームの市場と連携しつつ、一九九〇年代を通じて影響力を拡大することになった。二〇〇七年春の時点では、多数の出版社が参入し、ライトノベルのレーベルは三〇を超えている。そしてその周辺に、通常はライトノベルと分類されないが、内容的に近い作品を多数出版しているレーベル（講談社ノベルスやハヤカワ文庫JAなど）や、ライトノベルのスタイルを借りたポルノ小説のレーベル（美少女ゲームのノベライズが多い）、さらに、これも通常はライトノベルと区別されるが、読者層は重なっていると思われる女性向け美少年同性愛小説のレーベル（ボーイズラブ）などが複数展開している。

ライトノベルは良質の作品を多数生みだしてきたが、その作品世界が既存の小説や批評の枠に収まらなかったため、安定した評価を受けにくかった。個人的な経験になるが、筆者は一九九九年に、全国紙の文化部記者に上遠野《かどの》浩平の作品を紹介したことがある。当時の上遠野はベストセラーのシリーズを展開しており、若い読者のあいだで人気の頂点にあった。にもかかわらず、その記者は上遠野の名前を知らないだけではなく、そのシリーズのレーベルである電撃文庫の名前も知らないようだった。いくらベストセラーを生みだしていても、一九九〇年代末の新聞文化欄の認識では、ライトノベルの認知はそのていどだったのである。

しかし、その状況は二〇〇〇年代に入ると急速に変わり始めた。その背景には、序章でも触れたように、アニメやゲームなど、オタク的なエンターテインメント一般への社会的注目の高まりがある。とりわけそこで目立ったのは、『このライトノベルがすごい!』『ライトノベル完全読本』『ライトノベル☆めった斬り!』など、二〇〇四年から二〇〇五年にかけての解説本の相次ぐ出版である。それらを契機として、ライトノベルの認知はあるていど拡がり、一部の作家は文芸誌や小説誌にも進出し始めた。もし、いま、読者がライトノベルをまったく読んだことがなく、にもかかわらず「ライトノベル」という言葉を聞

(1)『ライトノベル「超」入門』、八五頁—八六頁。『動物化するポストモダン』と同じく、本書でも書誌情報は巻末の文献表にまとめてある。本文も含め、引用中「[ ]」で示した部分は筆者による補足。また、引用中で改行を省略している場合がある。

いたことがあると感じるとすれば、それはおそらくこの状況の変化によるものである。ライトノベルの台頭は、二〇〇〇年代前半の日本の出版界全体では大きなトピックのひとつだったと言える。

正確を期するために付け加えるならば、このライトノベル・ブームは実際には、市場の盛り上がりに支えられているというより、業界内でのライトノベル「再発見」のブームという印象が強い。ライトノベルの歴史は長いし、二〇〇〇年代以前にもその市場は十分に大きかったからである。それでも、いままでライトノベルというだけで軽視されてきた良質の作品が、これを機会に広く読まれ、語られるようになるのだとすれば、喜ぶべきことだろう。

ライトノベル≠「ジャンル小説」

それでは、ライトノベルとはどのような小説なのか。内容面に踏み出すと、ライトノベルの説明は途端に難しくなる。筆者はここまで「ライトノベルというジャンル」という表現を使ってきたが、それは正確にはジャンルとは呼びがたい。

書店で数冊を手にとればすぐ分かるように、ライトノベルのひとつのレーベルには、SFやミステリ、ファンタジーや伝奇、ラブコメといったさまざまなジャンルの小説が混在している。ひとりの作家、ひとつの作品のなかで複数のジャンルが混在していることもめずらしくない。

たとえば、前掲の上遠野は、二〇〇〇年に、徳間デュアル文庫で『ぼくらは虚空に夜を視る』を、講談社ノベルスで『殺竜事件』を出版している。それぞれ異なったシリーズの第一巻であり、前者は未来の宇宙戦争と現代の高校生活が錯綜《さくそう》する物語、後者は異世界を舞台とした密室殺人の物語である。前者はSFと青春小説の、後者はファンタジーとミステリの融合と言えるが、ほとんどの読者はそのようなジャンルの差異は意識していないだろう。むしろ上遠野の読者は、電撃文庫で展開された学園ファンタジーである《ブギーポップ》シリーズから始まり、いずれの作品にも一貫したスタイルを感じ取っているのではないかと思う。実際にそれら三つのシリーズは、世界設定もあるていど共有している。ひとつの世界観や筆致が、ジャンルを横断してこのように継続されるのは、ライトノベルの大きな特徴である。

ミステリやSFはしばしば「ジャンル小説」と呼ばれる。その名称は、ジャンルの差異が、読者層や流通経路にあるていど反映されていることを意味している。実際に、ミステリのレーベルには一般にミステリしか収録されず、SFのレーベルにはSFしか収録されない。

ところが、現在のライトノベルのレーベルには、ミステリもSFも区別なく収録されている。新城も前掲書で強調しているように、(2) この特徴は、ライトノベルが、ミステリやSFのような「ジャンル小説」ではないことを意味している。ミステリやSFには独特の規範があり、しばしば「これはミステリではない」「これはSFではない」という論争が起こる。しかし、ライトノベルにそのような規範は見あたらないのだ。

ライトノベル的なもの

ライトノベルを定義づける内的な基準がないのであれば、その範囲は、外的な要素、つまりレーベルやパッケージで定めるほかない。つまり、角川スニーカー文庫や富士見ファンタジア文庫で出版されていればライトノベル、表紙にキャラクターのイラストが描かれていればライトノベル、と判断するわけだ。実際、筆者が現役のライトノベル作家や編集者に尋ねてみたかぎりでは、彼らは無意識にこの判断基準を採用しているとの印象を受けた。

しかし、その基準も現実にはうまく機能しない。というのも、現在は、ライトノベル以外のレーベルから出版された小説が、読者によって「ライトノベル的な小説」として扱われているからである。

そのもっともわかりやすい例が、二〇〇二年に『クビキリサイクル』でデビューし、同作で始まる「戯言」シリーズで人気作家となった西尾《にしお》維新《いしん》だろう。西尾は現在のライトノベル・ブームの中心に位置しており、同シリーズは『このライトノベルがすごい！』の二〇〇五年度版作品ランキングで一位を獲得している。(3) しかし、実際には彼の作品は、二〇〇七年春の時点で（一作のノベライズを除いて）すべて講談社ノベルスあるいは講談社BOXより刊行されており、典型的なライトノベルのレーベルからは一作も出版されていない。表紙を飾るイラストも、アニメ的な筆致からは大きく離れている。

そして、これは必ずしも例外的な現象ではない。西尾の活躍は、一九九〇年代の森博嗣《ひろし》や清涼院《せいりょういん》流水《りゅうすい》によって準備されたと言われる。森や清涼院の小説は、いまとなってはライトノベルと見なされることも多いが、当時はミステリとして出版され、とくにイラストも添付されていなかった。

(2)『ライトノベル「超」入門』、七〇頁以下。

(3)『このライトノベルがすごい！2006』で発表されたアンケート結果。なお、同書に収録されたインタビューでは、西尾自身が、彼の小説をライトノベルに分類されることに対し複雑な感慨を吐露している。「ぼく自身はライトノベルは基本的にはレーベルだと思っています。講談社ノベルスはライトノベルレーベルではない。その意味では「戯言」シリーズはライトノベルではない。ただ一方でイラストと小説のついたコラボレーションがライトノベルだという意見もあり、そういう意味では「戯言」シリーズがライトノベルには含まれることは間違いない。［……］ただ、ぼくがライトノベルだといわれるせいで講談社ノベルスがライトノベルレーベル扱いされたりするのは他の作家さんにしてみれば違和感があるだろうと思います」（二七頁）。

同世代を見ても、西尾の周囲には、同じ講談社ノベルスでデビューし、のち文芸誌で活躍するようになった佐藤友哉《ゆうや》と舞城王太郎や、二〇〇一年に角川書店からデビューし、『NHKにようこそ!』のマンガ化で広い人気を獲得した滝本竜彦、ライトノベル出身ながらも近年は活動の舞台を拡げている乙一《おついち》、美少女ゲームのシナリオライターとして活躍しつつ、小説も発表している奈須きのこといった個性的な作家がいる。彼らは一般にはライトノベル作家と呼ばれないが、その読者は確実に西尾と重なり、またライトノベルのレーベルから出版された作品とも重なっている。つまりは、現在のライトノベル・ブームは、その中心においてライトノベルの外部と深く繋がっているのである。

序章でも触れたように、本書の出発点となった原稿は、二〇〇三年に創刊された『ファウスト』という小説誌で連載された。同誌にはまさに西尾や佐藤、舞城、滝本たちが寄稿しており、ライトノベルとその外部の境界領域で読者を獲得していた。したがって、同誌をライトノベル誌と呼ぶべきかどうか、読者のあいだでは意見の相違もあるようだが、実際にはそのこだわりにはほとんど意味がない。現在の日本では、美少女ゲームやボーイズラブ小説から、狭義のライトノベルを通って、ミステリやSFのようなジャンル小説や純文学の一部まで、連続して維持されている一定の感性があり、それこそが漠然と「ライトノベル」と名指されている。まずは、その現状認識から出発するべきだろう。

2――キャラクター I

キャラクターの媒体としてのライトノベル

それでは、その感性の正体はなんなのだろうか。言いかえれば、私たちはどのような条件が整ったとき、その作品を「ライトノベル的」だと感じるのだろうか。

新城の『ライトノベル「超」入門』をあらためて読んでみよう。新城はこの著作でさまざまなことを述べているが、整理すれば大きく二つの点を強調している。ひとつは、ライトノベルの創作環境が厳しい競争に曝《さら》されていること。もうひとつは、創作の中心がキャラクターの描写にあることである。

前者については説明の必要はないだろう。ライトノベルは中高生を主要な読者としており、ひとりあたりの消費金額が低い。したがって、出版点数は多く、刊行間隔も短くならざるをえない。マンガやアニメが競争相手となるため、読みやすさも配慮する必要がある。ライトノベル以外の文芸では想像できないことだが、この世界では、人気作家が毎月のように新刊を出すことはめずらしくない。その生産と消費の速度は、単行本より雑誌に近い。この過剰に競争的な環境は、新城自身が分析しているように(4)、ライトノベルの内容や形式をかなりのていど決定している。

しかし、本論の文脈で重要なのは、むしろ後者の指摘のほうである。新城はそこで、ライトノベルの制作においては、「ドラマの結論から人物が規定されるのではなく、キャラクターの性質がドラマ(の可能性の束)に優先してゆく」と述べている。言いかえれば、ライトノベルは、物語の媒体というより、むしろキャラクターの媒体としての性格のほうが強い。「ライトノベルを、「キャラクターを素早く伝える方法としてイラスト等を意識し、キャラクターを把握してもらうことに特化してきた、二十世紀末〜二十一世紀における小説の一手法である」と定義するのは、そんなに間違ってないかなと思います」と新城は記している(5)。

自律化と共有財化

この指摘はなにを意味するのだろうか。まずは、ライトノベルに限らず、オタクたちの文化一般を特徴づけるキャラクターの脱物語的あるいは**メタ物語的**な振る舞いを思い起こしておこう。

『動物化するポストモダン』でも指摘したように、オタクたちの表現においては、キャラクターがその本来の作品を抜け出し、異なった設定のなかに投げこまれ、にもかかわらず同じ人物として描かれ続けることは決してめずらしくない。その典型的な例が、「二次創作」である。

二次創作とは、オリジナルのマンガやアニメのキャラクターが、読者や視聴者によって異なった設定や人間関係を与えられて作られる創作物を意味し、現在のオタクたちの市場ではきわめて大きな役割を果たしている。「二次」という表現からは、パロディやオマージュのような派生的な作品が想像されるが、実際にはそれに止《とど》まらず、実に多様な質の作品が生みだされている。二次創作の作品はおもに「同人誌」としてコミックマーケットや専門業者を介して流通しているが、近年では同人作家出身のクリエイターが増えているた

(4) 本論の議論に関係させることができなかったが、そこで新城は、ライトノベルの多ジャンル性は週刊マンガ雑誌の目次をモデルとして考えるべきである、と注目すべき指摘を行っている。「自分の好みの連載だけを分冊で購入することができる、便利な雑誌。[……] ライトノベルの棚をそんな視点で眺め直してみると、レーベルごとの「カラー」の違いも、たくさんのジャンルがごった煮で含まれていることも、さらにはものすごい数の書き下ろしシリーズの新刊が数カ月ごとにこれでもかという速度で出続けていることさえも――なんだかすべて奇麗に説明がつくように思われるのですが、いかがでしょうか」(『ライトノベル「超」入門』、七四頁)。

(5) 『ライトノベル「超」入門』、一三五頁、二〇三頁。

め、その発想は商業作品の市場にも深く浸透している。たとえば最近のアニメやゲームでは、オリジナルの作品とほぼ同時に、そこからキャラクターだけ引き抜き、異なる設定のなかに投げこんで作られた関連作品が制作されることがあるが、それらはいわば（矛盾する表現だが）オリジナルの二次創作とでも言える作品である。プロのマンガ家が自作の二次創作を発表することもめずらしくない。

日本のマンガやアニメの消費者の多くは、このような**キャラクターの自律化**にあまりに親しんでいるので、いまさらそれに驚くことはない。しかし、これは考えてみると奇妙な事態である。キャラクターは現実には存在しない。それが存在するのは、特定の物語のなかだけである。にもかかわらず、人々はなぜ、物語を離れたキャラクターを受け入れてしまうのか。

この疑問は、オタクたちの文化や消費行動を分析しようとすると必ず直面するものであり、正面から答えようとすると、キャラクターとはそもそもなにか、といった抽象的な問いに捕らわれることになる。そのような思考も悪くはないが、ここではもう少し単純に世俗的に考えてみよう。

そこで問題になるのは、キャラクターの本質というよりも、キャラクターをめぐって展開される想像力の環境である。キャラクターが物語から離れて流通しているという事態は、その現実の制作過程とは関係なく、消費者によって、物語よりもキャラクターのほうが基礎的な単位として想像されていることを意味している。オタクたちの世界では、あるていど影響力のあるキャラクターは、オリジナルの物語を離れて、関連作品や二次創作など別の物語を自律的に生きていると想像される。たとえば、「シャア」や「綾波《あやなみ》」について語るとき、オタクたちはもはや、原作である『機動戦士ガンダム』や『新世紀エヴァンゲリオン』でのキャラクターの役割をほとんど意識しない。これは言いかえれば、オタクたちの世界では、キャラクターが、特定の作家や作品に帰属するものというより、むしろ共有財として意識されていることを意味している。(6) オタクたちに向けて作品を作り、オタクたちとともに作品を消費するためには、まずはこの想像力の環境の特性を知らなければならない。

そして、その特性は、消費者の行動だけではなく、制作者の選択にも大きな影響を与えている。キャラクターの自律化は、コンテンツの制作者にとっては、キャラクターの魅力

(6) オタクたちの想像物の共有化の慣習（同人市場の慣習）は、近代的な作家観や作品観から離れ、ときに衝突するものでありながら、巨大なコンテンツ産業を支えている。したがって、著作権の議論では、知的財産の流通のひとつのモデルを示すものとして、同人市場が注目されることがある。たとえば、ローレンス・レッシグ、『FREE CULTURE』、三九頁以下を参照。しかし、その慣習はキャラクターの自律化という独特の文化的慣習と結びつき、その背後にはさらに戦後日本のサブカルチャー史があるため、法的あるいは経済的な側面だけを取り出してモデル化するのは難しい。レッシグもその点は認識しているようだ。

が、物語の魅力とはあるていど独立して測られることを意味している。実際に現在のオタクの市場では、物語に人気がなくてもキャラクターには人気があることがめずらしくないし、その逆もある。したがって、そこでは多くの作家たちが、物語内部での必然性や整合性からとりあえず離れ、作品の外に拡がる自律したキャラクターの集合を一種の市場と見なして、そこでの競争力を基準にキャラクターの設定や造形を個別に決定するように変わっていくことになる。ひらたく言えば、物語が要求する人物像の構築以前に、まずはキャラクターの類型の流行を分析し（たとえば、二〇〇六年の前半であれば「ツンデレ」が流行しているなど）、そこことの関係で「キャラクターを立てる」ことが作品制作の大きな課題となっていくのである。

このような物語の地位低下とキャラクターの自律化は、いまに始まった話ではなく、一九九〇年代後半以降、ここ一〇年間のオタクたちの作品と市場を規定する大きな流れだと言うことができる。すでにいくどか用いているが、筆者は『動物化するポストモダン』で、その流れを、物語ではなく作品の構成要素そのものが消費の対象となっているという意味で「**データベース消費**」と名づけた。

新城が強調するように、ライトノベルの制作過程もまたその流れのなかにある。しかもライトノベルにおいては、小説とイラストが隣りあって並べられ、物語の競争力とキャラクターの競争力の共存と分離がわかりやすく示されているために、キャラクターの自律化と共有財化がほかのメディアよりも急速に進んだと言える。新城の入門書は、ライトノベルの概観にあたって、物語の紹介ではなく、近年のライトノベルに現れる「キャラ類型」の紹介に実は多くのページを割《さ》いている。(7) このような事態は、純文学や一般小説の紹介本では考えられない。「キャラクターの性質がドラマ（の可能性の束）に優先してゆく」という新城の指摘は、現在のライトノベルを取り巻く、このような環境の特性を指し示している。

データベース

現在のオタクたちの表現と市場の中心には、「自律したキャラクターの集合」、『動物化するポストモダン』で用いた言葉を使えば、「**キャラクターのデータベース**」がある。そ

(7) ちなみに新城がそこで挙げている類型は、「メガネっ娘」「妹」「委員長」「ツンデレ」「メイド」「どじっ子」「電波系」など二五種類で、それすらも「ほんの一部分」だと留保をつけている（『ライトノベル「超」入門』、一三九頁—一五五頁）。筆者の印象では、この数の多さは新城が時期的に広い作品を対象としているから生じたものであり、近年のライトノベルに話を限ると、むしろ類型は集約され減少していく傾向にある。本論では触れていないが、このあとで参照する谷川流の『涼宮ハルヒの憂鬱』は、実はその傾向のひとつの達成を示している。涼宮ハルヒ、朝比奈みくる、長門有希の三人の配置は、萌えの配置としてとても効率的だ。

こでは、物語ではなくキャラクターのほうが基礎的な単位として感覚される。ライトノベルもまたその環境を共有している。

このような記述は、多少ともオタクたちの表現に親しんでいれば直感的に理解できるはずだが、親しみのない読者にはわかりにくいかもしれない。そこで、ひとつ具体例を挙げてみよう。

つぎの二つの文章は、谷川流《ながる》の二〇〇三年の小説、『涼宮《すずみや》ハルヒの憂鬱』からの引用である。引用箇所は、それぞれ、主要キャラクターの「長門有希」「朝比奈みくる」が最初に小説のなかに登場する場面だ。


俺はあらためてその変わり者の文芸部員を観察した。

白い肌に感情の欠落した顔、機械のように動く指。ボブカットをさらに短くしたような髪がそれなりに整った顔を覆っている。出来れば眼鏡を外したところも見てみたい感じだ。どこか人形めいた雰囲気が存在感を希薄なものにしていた。身も蓋もない言い方をすれば、早い話がいわゆる神秘的な無表情系ってやつ。


思わず俺は朝比奈みくるさんを見た。小柄である。ついでに童顔である。なるほど、下手をすれば小学生と間違ってしまいそうでもあった。微妙にウェーブした栗色の髪が柔らかく襟元を隠し、子犬のようにこちらを見上げる潤んだ瞳が守ってください光線を発しつつ半開きの唇から覗く白磁の歯が小ぶりの顔に絶妙なハーモニーを醸し出し、光る玉の付いたステッキでも持たせたらたちどころに魔女っ娘にでも変身しそうな、って俺は何を言ってるんだろうね？(8)

これらの文章は、一般に人物描写として想像されるものとは大きく異なっている。というのも、そこではそもそも、描写対象の人間がまず存在し、それを作家が描写し、読者がそれを読むという、一般的な（のちに「自然主義的な」と呼ぶことになる）描写の順序が機能していないからである。

第一の引用箇所にある「早い話がいわゆる神秘的な無表情系ってやつ」という一文、第二の引用箇所にある「って俺は何を言ってるんだろうね？」へと続く数行は、キャラクターを直接に描写するものではないが、それぞれの段落において、読者を作品世界のなかに引きこむために決定的な役割を果たしている。それらの文章は、登場したばかりのキャラ

（8）『涼宮ハルヒの憂鬱』、五三頁、六一頁。

クターが今後どのような活動を行い、どのような性格を示すことになるのか、作家が読者の想像力を先読みし、しかもその先読みを読者に伝えることで、作家あるいは語り手と読者のあいだに一種の共犯関係を作りだすために配置されている。つまり、谷川はここで、直接に登場人物を描写するだけではなく、描写とキャラクターのデータベースのあいだで仮想的な対話を行い、その結果そのものを文章のなかに組み入れて描写を完結させているのである。ここでは細かく紹介しないが、実はこのような再帰的な表現は、谷川の小説全般に発見できる。

　言うまでもなく、そのような仮想的な対話は、作者と読者がキャラクターのデータベースをあるていど共有し、かつ読者によってその存在が意識されていなければ、まったく機能しない。本書の読者のなかには、引用箇所を読み、戸惑いしか感じなかったひとも多いのではないかと思う。

　にもかかわらず、実際にはそれは、現在の小説市場で実に多くの読者に受け入れられている。谷川は、現在のライトノベル・ブームを代表する作家であり、ここで引用した『涼宮ハルヒの憂鬱』に始まる「涼宮ハルヒ」シリーズは、二〇〇六年のアニメ化を契機としてベストセラーに躍り出て、二〇〇七年春の時点で累計四〇〇〇万部を超えている。キャラクターのデータベースは、オタクたちの頭のなかにしかないという点では仮想的な存在だが、一〇〇万部の小説の文体に影響を与えているという点では、紛れもなく現実的な存在だと言えるだろう。

ライトノベルの本質

さて、私たちはいま、ライトノベルの本質について考えていたのだった。物語からキャラクターへの視点の移動によって、ライトノベルの本質を捉えるための別の方法が浮かびあがってくる。

以上の議論を受けて、私たちはここで、ライトノベルあるいは「ライトノベル的な小説」の本質を、作品の内部（物語）にでも、外部（流通）にでもなく、作品と作品のあいだに拡がる想像力の環境（キャラクターのデータベース）にあると考えてみよう。言いかえれば、ライトノベルを、キャラクターのデータベースを環境として書かれる小説として定義してみよう。

ライトノベルの作家と読者は、戦後日本のマンガやアニメが育ててきた想像力の環境を前提としているために、特定のキャラクターの外見的な特徴（さきほどの引用箇所では「眼鏡」「小柄」といった表現）がどのような性格や行動様式（「神秘的な無表情系」「魔女っ娘」）に結び合わされるのか、かなり具体的な知識を共有している。したがって、彼らは、作品のなかに（たとえば）小柄でドジな女の子が現れれば、半ば自動的に、彼女がこの状況ではこうする、あの状況ならそうする、と複数の場面を思い描くことができる。作家もまた、読者にそのような能力、いわば萌えのリテラシーを期待して、キャラクターを造形することができる。

この定義を採用すると、前節で問題となった多ジャンル性も簡単に説明することができる。ライトノベルのキャラクターは、個々の物語を超えたデータベースのなかに存在している。少なくともそう想像されている。したがって、彼らは、ひとつの人生を歩み、ひとつの物語のなかで描かれる人間というよりも、さまざまな物語や状況のなかで外面化する潜在的な行動様式の束として想像される。新城はそれを、「（ありうべき）物語がぎゅうっと圧縮されて、人物イラストの中に封じ込められている状態」、「「こういうシチュエーションでは、こいつはきっとこういうことをするだろうなあ」という確率分布を——ありがちな状況の数だけ——重ねあわせたもの」と表現している。[9]

これは、裏返せば、ひとりのキャラクター＝行動様式の束を軸として、さまざまな物語や状況が展開可能であることを意味している。たとえば、前出の『涼宮ハルヒの憂鬱』の有希やみくるは、本来はSF学園ファンタジーの登場人物だが、彼らが伝統的な登場人物ではなく「キャラクター」である以上、その活躍の舞台はミステリにも、青春小説にも、ホラーにも自由に、あたかも二次創作を記すかのように拡げることができる。実際に、ここでは言及するだけに止めるが、谷川はその特徴を利用して、「涼宮ハルヒ」シリーズを一種のメタライトノベルに仕立てあげている。(10)

ライトノベルの想像力は、脱物語的でメタ物語的なキャラクターを支点として組みあげられている以上、必然的にジャンルを逸脱してしまう。この状況を、ライトノベルの制作と消費においては、作品の層(物語)と環境の層(キャラクターのデータベース)が別々に存在している、と捉えることもできるだろう(図1・1)。

(9)『ライトノベル「超」入門』、一二四頁、一三四頁。

(10) このシリーズには、二次創作を思わせるパロディやジャンル横断的作品が多数含まれている。しかし、そのなかで本論の観点からもっとも興味深いのは、シリーズ第四作の『涼宮ハルヒの消失』である。谷川はそこで、あるSF的な設定を用いて、主人公を、場所も時間も同じでありながら、周囲の登場人物がこのシリーズ特有の特殊な能力をすべて失った、一種の並行世界に送りこんでいる。本来は朝比奈みくるは未来人で、長門有希は宇宙人だが、その世界では彼女たちも「普通の高校生」にすぎない。そして主人公は、小説の最後で、その「普通の高校生」に囲まれた日常に残るか、それとも特殊な能力者に囲まれた本来の非日常に戻るかの選択を迫られる。その選択は、本論でのち導入する概念を先取りして言えば、自然主義的リアリズムの世界とまんが・アニメ的リアリズムの世界のあいだの選択を意味している。最終的に主人公は「四月に涼宮ハルヒと出会ってからこっちの、クダランたわけた世界のほうを肯定」し(二一三頁)、非日常に戻ることになるのだが、これはそのまま、自然主義的な一般小説ではなくライトノベルを選び、いままさに『涼宮ハルヒ』を読んでいる読者の選択の隠喩になっている。物語内の虚構と物語外の現実を繋げるこのような所作を、筆者はのち「感情のメタ物語的な詐術」と呼ぶことになる。

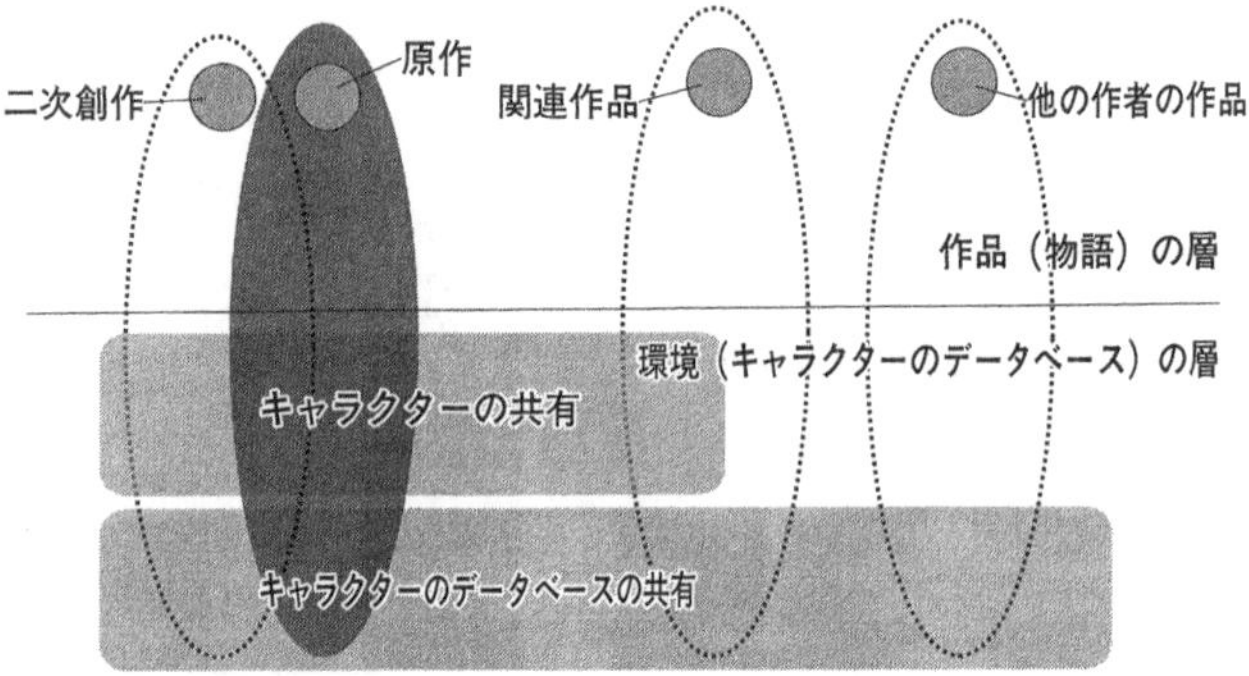

図1.1　作品と環境

ライトノベルの作家は、物語の様式を規定するジャンル的な規範意識ではなく、その下位に位置する脱ジャンル的あるいはメタジャンル的なデータベースに依拠して小説を記している。そのため彼らは、同じように「ライトノベル的」な感性に依拠しながら、読者がファンタジーを求めていればファンタジーを、ＳＦを求めていればＳＦを、青春小説を求めていれば青春小説を、柔軟に書きわけることができる。新城はそれを、「ジャンルを使いこなす」「ゼロジャンル」と形容している。「〔ライトノベルは〕購買層の流行に対応するかのように、あるいは読み手と書き手とがキャッチボールをしていく過程で、各ジャンル・フィクションを使いこなしている」。「ライトノベルはそれ自体が特定のジャンルではない、であるから、どのジャンルも等価に扱っている。扱うことができる」。[11]

おそらく、いま多くの読者が「ライトノベル的」という言葉で名指し、ときに抵抗感も示している対象は、物語の内容でも、またレーベルの特性でもなく、この想像力の環境そのものではないだろうか。

(11)『ライトノベル「超」入門』、六七頁、七一頁。ただし新城は、ライトノベルの「ゼロジャンル」すなわちメタジャンル性は、一般小説とライトノベルの間隙を埋めるものだと考えている。対して筆者は、ライトノベルが「ゼロジャンル」であるということこそが、むしろその一般小説との差異を強めるものだと考えている。

3——ポストモダン

ライトノベルの出現とポストモダン

ライトノベルの本質は、物語にではなく、キャラクターのデータベースというメタ物語的な環境にある。ライトノベルの作者や読者は、物語を構築する、あるいは読解するために、作家のオリジナリティや物語のリアリティにではなく、メタ物語的なデータベースへの参照に頼り始めている。そしてその感覚は、この二〇年近く成長を続け、いまでは例外的なものとして片づけるにはあまりに大きくなっている。しかも、その拡大はしばらく止まりそうにない。

この特徴は、『動物化するポストモダン』の問題意識に引きつけて言えば、ライトノベルが、本質的にポストモダン的な小説形式であることを意味している。筆者は序章で、ポストモダンでは「大きな物語」が衰えるため、小さな物語はむしろ増殖し氾濫するように見えると指摘した。オタクたちが作りあげたキャラクターのデータベースは、まさに、決定的なひとつの物語を成立させないにもかかわらず（キャラクターが物語を逸脱してしまうという意味で）、複数の異本としての物語をつぎつぎと成立させてしまう（ひとりのキャラクターから複数の物語が生成するという意味で）という点で、ポストモダンの物語制作の条件を体現する存在だと言える。

ライトノベルの出現と拡散をポストモダン論の観点から捉えることは、時期的にも読者論的にも妥当だと考えられる。ライトノベルの起源は、前述のようにポストモダンが始まった一九七〇年代であり、その拡大が始まったのは、ちょうど日本でオタク化とポストモダン化が加速した一九九〇年代である。現在の読者層の中心は、『動物化するポストモダン』でポストモダン的なデータベース消費の担い手として分析した、一九八〇年代生まれの第三世代オタクにある。ライトノベルは、ポストモダンの到来と同時に誕生した、ポストモダンな消費者に支持される、ポストモダンの条件を体現した小説形式である。したがって、ライトノベルについて考えることは、ポストモダンの文学について考えることに直結している。

ポストモダンとポストモダニズムの違い

とはいえ、文学とポストモダン論に詳しい読者ほど、ここで違和感を感じるかもしれない。文学理論の領域では一般に、「ポストモダン文学」という言葉は、近代文学の前提を解体し、新しい小説の方法を意識的に再構築していくような、知的で複雑で、作家性の強い試みを指しているからである。たとえば、その例としてしばしば挙げられるのは、アメリカのトーマス・ピンチョン、ドナルド・バーセルミ、ジョン・バース、その後継者であるポール・オースターやスティーブ・エリクソン、サイバーパンクの一部、日本では、筒井康隆や高橋源一郎、島田雅彦といった作家たちである。ライトノベルの表現は、常識的にはそのような文学運動の対極にある。

しかし、そのような読者は、『動物化するポストモダン』で「ポストモダン」と「ポストモダニズム」が区別されていたことを思い出してほしい。「ポストモダン」は、一九七〇年代以降の社会的、文化的変化を広く指す言葉であり、「ポストモダニズム」は、そのなかで生まれたひとつの思潮＝イズムを指す言葉にすぎない、少なくともそのように分けたほうがポストモダンという時代の分析ははるかに明晰になる、というのが筆者の主張だった。[12]

その立場からすると、たとえば、オタクはポストモダン（という現象）が生みだした集団だと言えるが、それは必ずしも彼ら自身がポストモダニズム（という思潮）を信じていることを意味しない。実際、日本のオタクは、一九八〇年代に生じたサブカルチャー内の序列化のため、[13]意識的にはポストモダニズム（ニューアカデミズム）から距離を取ることが多い。しかし、そのような意識は、「オタクはポストモダン的な文化集団である」という本書の主張とまったく矛盾しない。

同じことが文学についても言える。上述の立場からすると、いわゆる「ポストモダン文学」は、ポストモダニズムと同じく、ポストモダンの条件が生みだした小説形式のひとつにすぎない。「ポストモダン的」と分析されるべき小説形式は、ほかにもさまざまなかたちで、ときには作家や読者がその本質に無自覚のままで現れる。筆者の考えでは、ライトノベルはその後者の意味でポストモダン的である。

したがって、「ライトノベルはポストモダン的な小説である」という本書の主張は、必ずしも作家がその位置を自覚していることを意味しない。作家ひとりひとりは、締め切りに追われながら、より売れる小説、より人気の出る小説を作ろうと努力しているだけかもしれない。しかし、その素朴さゆえに、ライトノベルの想像力は、オタクたちの動物的な消費原理を、すなわちポストモダンの時代精神をみごとに反映してしまう。本書が関心を向けているのは、その反映のメカニズムに対してである。

これはまた、私たちが、ライトノベルのポストモダン的な性格を、小説の内容そのものにではなく、小説と小説のあいだの環境に見ていることも意味している。いわゆる「ポストモダン文学」は、小説の内部でいくら前衛的な実験を行っていたとしても、現実には保守的な文学作品として流通している。彼らの小説は文芸誌に掲載され、文学賞を受賞し、大学で教材として取りあげられる。その環境はポストモダンの条件からほど遠い。

対照的にライトノベルは、かりにその小説の内容こそ類型的な凡庸なものだったとしても（第7節以降で、そしてまた第2章で詳しく分析するように実際にはそのようなことはないのだが、かりにそのようなものだったとしても）、その制作や流通の過程は近代文学のそれから大きく離れている。そして実際に、ライトノベルは文学として扱われることは少なく、ポストモダン

(12)『動物化するポストモダン』、一二六頁以下。
(13) 宮台真司の研究が参考になる。『制服少女たちの選択』、第六章参照。

なオタクたちに、まったく別の回路で消費され支持され読解されている。

作品内の物語から作品間の環境へと焦点を移すことで、いままでポストモダンの時代認識と無関係だったライトノベルが、急にポストモダン的な現象として立ち現れ、時代の分析において重要な位置を占めてくる。筆者はのち、第2章で、批評の視座のこのような移動にふたたび触れることになるだろう。

4——まんが・アニメ的リアリズム

さて、私たちはここまで、ライトノベルの本質がメタ物語的でキャラクター的な想像力の環境にあること、そしてその環境が実現した、物語が成立しない、あるいはあまりにもたやすく成立してしまう状況は、まさにポストモダンの文学的反映として捉えられることについて論じてきた。以上の議論で、ライトノベルとはなにか、そしてそれがポストモダンとどのような関係にあるのかについては、あるていどイメージが摑めたのではないかと思う。

それでは、つぎにその環境の内実に踏みこんでみることにしよう。ここからさき、しばらく大塚英志の議論を導きの糸としたい。

現実の「写生」から虚構の「写生」へ

『動物化するポストモダン』の読者であれば、大塚の名前を覚えているのではないかと思う。彼は一九五八年生まれの評論家で、前著の区分ではオタク第一世代にあたる。

大塚は一九八〇年代にマンガ編集者を経験したあと、同年代末に評論活動を始め、同時にマンガ原作者としても活躍し始めた。一九九〇年代後半以降は、ベストセラーのマンガを生みだすかたわら、論壇誌に積極的に寄稿し、サブカルチャーの前線に立つ立場を活かして独特の戦後民主主義論を展開している。評論と実作の両方を経験し、またサブカルチャーと社会、政治の関係について敏感である点において、大塚は、いま文芸評論に関わる論者のなかで突出した存在だと言える。彼が一九八九年に出版した『物語消費論』は、オタクのポストモダン化をもっとも早期に捉えた書物で、『動物化するポストモダン』でも繰り返し参照した。

そして大塚はまた、ライトノベルと関係が深い評論家でもある。彼は一九八〇年代に角川スニーカー文庫の立ち上げに大きな役割を果たし、そのあとも業界の中核でみずからライトノベル作家として活躍している。一九九〇年代後半にはそこに評論家としての実践が加わり、おもに文芸誌を舞台に、純文学とライトノベルを等置した先駆的な評論を展開し始めた。二〇〇〇年代には、本書でこれから参照する『物語の体操』や『キャラクター小説の作り方』のような、ライトノベルの創作手法を主題とした書籍を相次いで出版している。サブカルチャーの世界は流れが早いため、二〇〇七年のいまその重要性は早くも見えなくなりつつあるが、大塚のそれらの活動は、前述のライトノベル・ブームの土台を整えたと言えるだろう。

さて、その大塚は、ライトノベルを論じるにあたり「**まんが・アニメ的リアリズム**」という興味深い概念を導入している。

大塚は、純文学からミステリやSFまで含め、ライトノベル以外の小説をすべて、現実を「写生」するものだと捉えている。ミステリやSFは非現実的な事件を描くが、それはあくまでも現実の写生を前提としたうえで、そこに違和感をもちこむ手法だというのが、大塚の考えだ。それに対して、ライトノベルは、「アニメやコミックという世界の中に存在する虚構を「写生」する」点に特徴がある。現実の写生と虚構の写生というこの対置を、大塚は、「自然主義的リアリズム」と「まんが・アニメ的リアリズム」という言葉で

表現している。(14)

大塚は、まんが・アニメ的リアリズムの誕生を、一九七〇年代後半、デビューしたばかりの新井素子《もとこ》が漏らした「『ルパン三世』の活字版を書きたかった」という言葉に求めている。

新井は、一九七七年に高校生でデビューし、一九八〇年代前半にかけて人気を誇ったSF作家である。彼女の小説は、当時「新口語体」と呼ばれた独特の文体と、現在「セカイ系」と呼ばれるものに繋がる独特の想像力のモチーフを備え、いまでは広くライトノベルの源流のひとつだと見なされている。上の発言は、大塚によれば、そんな新井の小説が、現実世界の描写ではなく、マンガやアニメが与える印象の模倣を目的として構想されたことを示している。「この新井素子さんの思いつきは実は日本文学史上、画期的なことだったのです。誰もが現実のような小説を書くことが当たり前だと思っていたのに彼女はアニ

(14)『キャラクター小説の作り方』新書版、二四頁。「まんが・アニメ的リアリズム」はまた、「アニメ・まんが的リアリズム」「記号的リアリズム」とも呼ばれる。さらにそれは「まんが的な非リアリズム」と呼ばれることもある。「リアリズム」と「非リアリズム」では正反対の表現だが、大塚の文章の場合、このような揺らぎはめずらしいことではない。たとえば彼は、『物語の体操』の同じページのなかで、「まんがやアニメを「写生」する、ということはそのまま非リアリズム的小説の発生を意味するのです」と記し、直後に今度は「アニメ・まんが的リアリズム」という言葉を用いている（二一〇頁）。いずれにせよ、ここで重要なのは、大塚がライトノベルに、自然主義的伝統とは別の表現の論理があることを指摘したことである。

メのような小説を書こうとしたのです。だから大袈裟に言ってしまえば彼女は自然主義的リアリズムという近代日本の小説の約束事の外側にあっさりと足を踏み出してしまった人だったのです」と大塚は記す[15]。

自然主義的リアリズムとまんが・アニメ的リアリズムは、別の観点でも区別される。自然主義的リアリズムは、大塚によれば、描写の対象となる現実だけではなく、描写の起点となる「私」を必要とする創作手法でもある。たとえば、私小説は、その「私」の機能が肥大化した形態だと考えられる。

しかし、まんが・アニメ的リアリズムの小説には、そのような「私」がそもそも存在しない。かわりに存在するのは、キャラクターである。「『アニメのような小説』においては『写生』すべき「私」は存在しません。何しろそこにいるのは「私」や生身の身体を持つ人間ではなく、架空のキャラクターなのです」[16]。大塚は、このような対置に基づいて、ライトノベルを「**キャラクター小説**」と呼ぶことを提案している。純文学は私を描くので私小説、ライトノベルはキャラクターを描くのでキャラクター小説、というわけである。

この大塚の認識は、ライトノベルをジャンルとして定義するものでも、パッケージで定義するものでもないという点で、前節までの議論と一致している。私たちはライトノベルの本質を、キャラクターのデータベースに求めた。大塚の「まんが・アニメ的リアリズム」という表現は、そのデータベースと作者あるいは読者の関係を、作者あるいは読者の実感に即して簡潔に表現したものだと言えるだろう。したがって、私たちも以下、この概念を用いてライトノベルの特性を考えることにしたい。

さらにまた、彼が提案する「キャラクター小説」という名称も、「ライトノベル」という言葉にどうしても憑《つ》きまとうレーベル名としての含意を削《そ》ぎ落として、本質だけを捉えたすぐれた命名のように思われる。私たちも、ここからさき、キャラクターのデータベースを環境として書かれる小説一般を論じるときには、積極的にこの大塚の用語法に従うことにしよう。

(15)『キャラクター小説の作り方』新書版、二五頁。なお、ウィキペディアの項目「新井素子」の二〇〇六年三月から一二月までの記述によれば、新井の発言に対する大塚のこの解釈は必ずしも正確ではないらしい。当時の新井は、マンガやアニメよりも、むしろ先行世代のジュブナイル小説を意識していたとのこと。しかし、かりに新井自身の意識がそうだったとしても、彼女の小説がマンガやアニメの小説的対応物という印象を与えたことは疑いない。
(16)『キャラクター小説の作り方』新書版、二七頁。

5――想像力の環境

読者によっては、マンガやアニメの「写生」に新しい「リアリズム」を見いだすという大塚の主張を、あまりに乱暴だと感じるかもしれない。

なるほど、確かにオタクのなかには、現実よりもマンガやアニメのほうを「リアル」だと感じる、現実の異性よりも二次元のキャラクターに「萌える」と主張するひとが少なくない。しかし、それらの発言の多くは、実際には、あくまでも比喩的な誇張として、あるいはその前提のうえでの韜晦《とうかい》として行われている。オタクたちにしても、日常生活でマンガやアニメを現実と混同しているわけではない。だとすれば、まんが・アニメ的リアリズムを「リアリズム」と呼ぶのは、オタクたちの誇張を文字どおりに受け取った、いささか行き過ぎの表現なのではないか。

そのような疑問はもっともである。しかし、それでも筆者は、ここで「まんが・アニメ的リアリズム」という名称を使いたいと思う。というのも、ここで問われているのは、オタクたちがなにをリアルだと感じているか、という精神医学的な現実性ではなく、オタクたちがなにをリアルだと感じることにしているか、という社会学的な現実性だからである。

コミュニケーションの基盤としてのリアリズム

いささか抽象的な議論になるが、大塚の議論と本書のあいだにひとつクッションを挟んでみたい。社会学者の稲葉振一郎は、二〇〇六年の『モダンのクールダウン』で、大塚のまんが・アニメ的リアリズムの議論と筆者の『動物化するポストモダン』を、「公共性」という概念で繋げようと試みている。

公共性とは、人間と人間が、共同体的な限界を超えて出会う場所のことである。近代社会もポストモダンの社会も、村落共同体を超えて成立する巨大な組織なのだから、必然的にそのような場所を必要とする。

そして稲葉によれば、近代文学の自然主義的リアリズムも、ポストモダンのまんが・アニメ的リアリズムも、まさにその場所を作りだす装置として解釈できる。彼はつぎのように述べている。「リアリズム小説や映画が、「現実世界」と些細なところでしか食い違わない世界を舞台とする理由は、まず基本的には効率の問題で」あり、まんが・アニメ的リアリズムの成立についても同じことが言える。「このようにして［マンガやアニメ、ライトノベル、特撮映画の拡散によって」広く共有されるに至ったSF的・ファンタジー的な道具立ての集積のことを、まさしく東浩紀にならって、ポストモダンの「データベース」と呼ぶことができます。そして重要なことには、この架空世界のガジェットからなる「データベース」は、今日の文芸の世界において、ある意味ではほとんど「現実世界」の代替物と言いうるほどのところにまで発達してきてしまっているのです」[17]。

この指摘は示唆的である。表現はそのまま現実と向かいあうわけではない。いかなる表現も、市場で流通するかぎり、発信者と受信者のコミュニケーションを抜きにしては成立しない。稲葉はその前提のうえで、大塚と筆者が注目するキャラクター的な想像力の台頭を、作者や読者の想像力そのものの変化としてではなく、それを支える社会のほうの変化として捉えなおしている。

本書の議論にも、稲葉のこの視点を取り入れることにしよう。そうすると、二つのリアリズムの対置の意味がはっきりと見えてくる。自然主義文学の作家は、現実を描くべきだと感じたからではなく、現実を描くとコミュニケーションの効率がよいので、現実を写生していた。同じようにキャラクター小説の作家は、キャラクターを描くべきだと感じているからではなく、キャラクターを描くとコミュニケーションの効率がよいので、キャラクターを参照している。

そして、この差異が生まれた理由は、単純にその二つの文学的想像力が置かれた社会環境が異なるからである。自然主義文学の執筆において、現実社会の描写を媒介としたコミュニケーションの効率が高いと考えられたのは、それを取り囲む近代社会が、人々のイデオロギーや世界観を調整し、構成員がひとつの「現実」を想像的に共有するように強制していたからである。他方、ポストモダンではその前提が崩壊している。したがって、近代の自然主義の作家と、ポストモダンのキャラクター小説の作家のあいだでは、コミュニケーションの効率性の基盤が大きく異なる。大塚は、そのそれぞれの基盤を「リアル」と呼んだと理解すればいい。大塚自身も、キャラクター小説が「描写するのは「現実」ではなく、アニメやまんがのようなもう一つの「仮想現実」なのだ」と述べていた[18]。

このように視点を変更すれば、現実と虚構はどのような関係にあるのか、虚構を「リアル」と感じるのはなぜか、そもそも「リアル」とはなにかといった哲学的な問いに頭を悩ませることなく、まんが・アニメ的リアリズムの機能をきわめて単純に、かつ世俗的に理解することができる。そしてまた、この理解は、キャラクター小説の本質を、作品そのものにではなく、作品横断的でメタ物語的な環境に見いだした前節までの認識とも合致して

(17)『モダンのクールダウン』、五六頁、七五頁。
(18)『キャラクター小説の作り方』新書版、一一九頁—一二〇頁。

いる。重要なのは、想像力そのものの変化でも、現実そのものの変化でもなく、コミュニケーションの条件の変化なのだ。

二つのリアリズムの基盤

稲葉はそのコミュニケーションの条件を「公共性」と呼んだ。しかしその言葉は、本書で用いるには、あまりに政治哲学の含意が強すぎるように思われる。そこで、私たちはそれを、ここまでの議論で出てきた表現を術語化して、**「想像力の環境」**と名づけることにしよう。

私たちはみな、特定の想像力の環境のなかに生きている。前近代の語り部《かたりべ》は神話・民話の集積のなかに、近代の作家＝読者＝市民は自然主義のなかに、そしてポストモダンのオタクたちはキャラクターのデータベースのなかに生きている。それらの環境は、作家の表現を規定するし、また作品の消費形態も規定する。

そして、ここで重要なのは、その環境が作品横断的、ジャンル横断的に機能することである。前述したように、新城はライトノベルの本質を、多くのジャンルに適用できる「手法」として捉えていた。

実は同じことが自然主義にも言える。自然主義文学の歴史は長く、すでに多くのジャンルに分割され、相互の交流が難しくなっている。そのために見えにくくなっているが、稲葉も強調するように、[19]自然主義は、歴史的には、前近代的な物語が抱えていたもろもろの前提（稲葉の言う「お約束」）をいちど無化し、より広い公衆に向かって語りかけるための手法として導入されたものだと捉えられる。その無化の過程が「写生」である。したがって、私たちは、ライトノベルの手法（データベースへの参照）を用いてSFやミステリやファンタジーやポルノが書けるのと同じように、自然主義の手法（現実の写生）を用いてSFやミステリやファンタジーやポルノを自由に書きわけることができる。というよりも、だからこそ、近代文学は、いままでその派生形として多様なジャンル小説を生みだしてきたのである。

おそらく「純文学」は、もともと、自然主義がもつこのメタジャンル性を指す概念だったのだろう。『SFマガジン』にはSFしか載せられず、『小説推理』にはミステリしか載せられないが、『群像』や『文學界』といった文芸誌には、「文学性が高い」と編集者が判断しさえすれば、SFでもミステリでも自由に掲載することができる。少なくとも、それが文芸誌に集《つど》う編集者や評論家の意識である。むろん、実際には、現在の文芸誌からはそ

(19)『モダンのクールダウン』、八三頁以下。

のような自由さはほとんど失われている。しかし、その可能性を思い起こしておくのは悪くない。

したがって、私たちはいま、文学的想像力の基盤として、自然主義的リアリズムとまんが・アニメ的リアリズムという、二つの異なった**メタジャンル的な環境**を目の前にしていると言える。前者は明治期にヨーロッパから導入され、後者は戦後に国内で生まれた。そしていま、二つのリアリズム＝環境は、日本の小説市場を大きく二分し、それぞれまったく異なった原理で生産され、消費され、そしてそれぞれが複数のジャンルを内部に抱えている。

このように理解すると、いまの「日本文学」の状況が、よりはっきりと浮かびあがってくる。自然主義的リアリズムの市場で『東京タワー』が売れ、芥川賞や直木賞が話題になっているときに、まんが・アニメ的リアリズムの市場では、まったく異なった原理と価値観に基づいて「涼宮ハルヒ」シリーズが何百万部も売れている。それが、二〇〇〇年代半ばの日本文学の、おそらくはもっとも俯瞰《ふかん》した立場から見えてくる状況である。批評や文学研究は、純文学だけを追うのではなく、本来はその全体を見わたさなければならない。本書がキャラクター小説を集中的に取りあげるのは、そのような危機感に基づいてのことでもある。

6——二環境化

「文学のポストモダン化」の意味するもの

さて、新城と大塚の経験に基づいた指摘を、『動物化するポストモダン』と稲葉の概念を用いて整理することで、キャラクター小説の台頭の意味はかなり明確になった。ここまでの認識を図にしてみよう（図1・2）。

小説全体の状況を整理するためには、ジャンルを分類する系統樹や地図が使われることが多い。しかし、以上見てきたような二つの環境、純文学とライトノベル、現実とデータベース、私小説とキャラクター小説、自然主義的リアリズムとまんが・アニメ的リアリズムの対立は、この図では、そのようなジャンル分類の平面とは直交するZ軸で表されている。

本書で問われる「文学のポストモダン化」は、このZ軸方向の移動によって表現されて

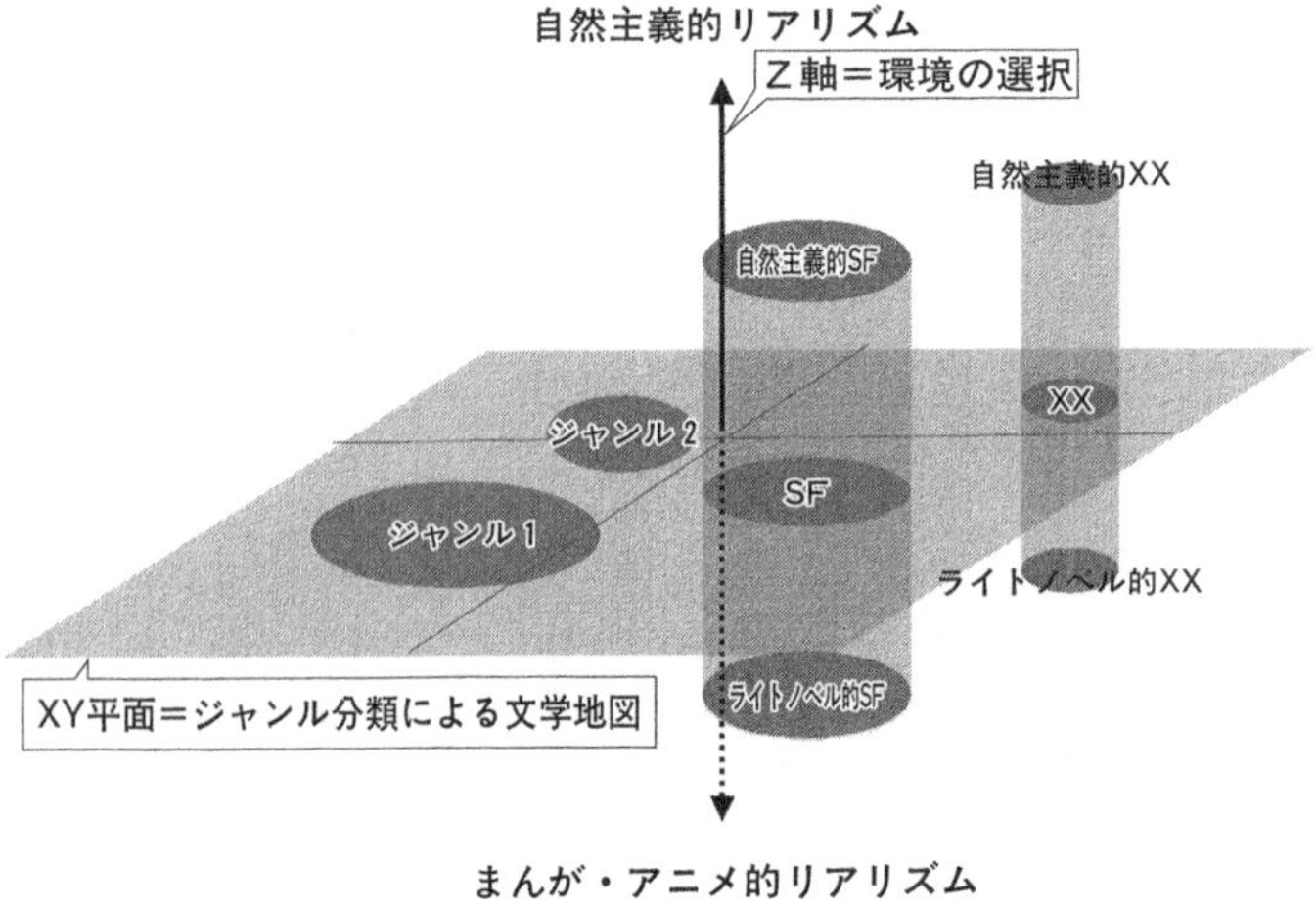

図1.2　2つのリアリズム

いる。ライトノベルの台頭と拡散は、自然主義的リアリズムが依拠した近代的な現実とは異なった、第二のメタ物語的な環境の整備を意味している。そして私たちは、その変化こそを「ポストモダン化」と呼びたいと考えている。この図を見れば明らかなように、それは、しばしば文学のポストモダン化の例として語られる、ジャンル小説間の「越境」や「融合」とは、本質的に異なった事態である。ジャンルのあいだの関係は、この図ではXY平面内で表現されている。

文学の二つの環境

この図が示す状況を、かりに「**想像力の二環境化**」と名づけてみよう。このような観点の導入は、多くの示唆を与えてくれる。たとえば、この図は、ＳＦやミステリといったジャンルそれぞれのなかで、自然主義的リアリズムとまんが・アニメ的リアリズムの二つの方向性が分離する可能性を示している。

実際にそれは、現在生じている事態である。同じＳＦと分類されてはいても、早川書房が二〇〇三年に創設した「Ｊコレクション」シリーズに収められている作品群と、谷川の小説ではまったく印象が異なる。それは、前者の多くが自然主義的リアリズムに基づくＳＦであるのに対して、後者がまんが・アニメ的リアリズムに基づくＳＦだからである。

ミステリにおいては、両者の相克が、一九九〇年代後半に「新本格ミステリ」へのキャラクター小説の侵入として現れた。その侵入を象徴する作家が、一九九六年にデビューした清涼院流水である。よく知られるように、清涼院の作風は、先行世代の作家や批評家から強い反発を招いた。[20] 彼らの批判は、おもにミステリのジャンル的規範が壊れる危険性に向けられていたが、実際には彼らがそこで敏感に反応し、無意識に抵抗していたのは、むしろリアリズムの変化に対してだったように思われる。清涼院の小説には、第２章の最後でふたたび触れることになるだろう。

また、この図は、そのようなジャンル小説の二環境化（垂直方向の多様化）だけではなく、自然主義的リアリズムのなか、さまざまなジャンル小説に囲まれながらそのリアリズムの純化や解体を目指す「純文学」があるのと同じように、まんが・アニメ的リアリズムのなか、その純化や解体を目指す裏側の純文学、いわば「純キャラクター小説」とでも呼ぶべき作品群が生まれる可能性（水平方向の多様化）も示唆している。

この可能性は、現在の文芸評論ではほとんど語られたことがない。それはそもそも、一般文芸とキャラクター小説の対立を、大人向けと子供向け、芸術と娯楽といった対立とは独立に捉えないと見えない可能性だからである。しかし、一部の作家はその可能性に敏感に反応している。その多くはエンターテインメントの枠から外れるが、ときおり、大衆性を獲得しつつ、まんが・アニメ的リアリズムを内側から食い破ってしまうような注目すべき作品も出現する。前述の清涼院や、さきほどからいくども言及している谷川は、おそらくはこの枠組みで理解すべき作家である。

キャラクター小説の可能性

とはいえ、ここはまだ作品論を展開する場ではない。ここではとりあえずは、現在の小説市場が二つの「想像力の環境」によって分割されていること、そして、キャラクター小説とはその新しいほうの環境から生まれてきた作品群の総称であり、そこにはポストモダンにおけるコミュニケーションの条件が現れていること、の二点を押さえてくれれば十分だ。

キャラクター小説の勢力の拡大は、ポストモダン化に曝された現代日本の小説（の少なくとも一部）が、この十数年ほどのあいだに近代的な自然（大きな物語）とは異なった別種の人工環境（大きなデータベース）に大きく頼り始めたことを、もっともわかりやすいかたちで示している。

それは、裏返せば、今後のポストモダン化の進展のなかで、ライトノベル的手法が、オタクというサブカルチャーの集団からむしろ解放されていくかもしれないことを意味している。一〇年後のキャラクター小説は、もはやライトノベルと呼ばれず、マンガやアニメ

(20) たとえばつぎのような文章（ただし笠井潔自身は、単純な批判派ではなく、いささか複雑な立場を取っている）。「しかし［新本格の］第二ステージの進行にともない、この流れに、無視することのできない変化が生じはじめる。この形式に不可避的であるメタ性、パロディ性、自己言及性の果敢な探究というよりも、たんに安直である形式破壊の横行と、あまりにも日本的な構築なき脱構築の頽廃が目立ちはじめた。この連載でも、清涼院流水『コズミック』、蘇部健一『六枚のとんかつ』、乾くるみ『Jの神話』、浦賀和宏『記憶の果て』、積木鏡介『歪んだ創世記』などのメフィスト賞作品を取りあげた際に、探偵小説形式を遊戯的に消費する危険性を指摘している。［……］わたしは『六枚のとんかつ』を例外として、これらの作品を中核的読者のように否定する気はない。『コズミック』の作者にも、「自覚した清涼院は傑作を書く可能性がある」という評価をくだしている。とはいえメフィスト賞作品をはじめ、一九九〇年代後半に登場した新人作品の少なからぬものが、探偵小説的構築性の追求を中途半端に放棄し、蛸が自分の足を喰うのにも似た、際限のない自己消費の罠にはまりこんでいた傾向は無視できない。これでは八〇年代に大流行し、バブル経済と運命をともにして没落した、日本型ポストモダニズムの縮小再生産にすぎないだろう」（笠井潔、『ミネルヴァの梟は黄昏に飛びたつか？』、二〇三頁—二〇四頁）。

とも深い関係をもたないかもしれない。(21) 読者層も、いまのオタクのイメージからは遠く離れるかもしれない。しかしそれでも、その小説が、自然主義的な現実を離れ、ポップカルチャーが生みだした人工環境のうえに構築されるであろうこと、そして今後の日本において、そのような小説がますます増えていくであろうことはまちがいない。そのような変化は、大きな物語が衰え、世界観や現実観が分散するポストモダンにおいては、ほとんど論理的に要請されるものだからだ。

キャラクター小説の問題は、オタクの歴史のエピソードとしてだけではなく、このような大きな社会的、文化的視野のなかで捉えなければならない。私たちがいま「まんが・アニメ的リアリズム」と呼んでいるものは、おそらくは、自然主義的リアリズムの衰退のあと、ポストモダンの世界が作りだす多種多様な**人工環境のリアリズム**のなかの、日本で発達したひとつのかたちなのである。

循環的な物語生成

私たちは本章の冒頭で、物語が成立しない、あるいはあまりにもたやすく成立してしまう環境において、物語はどのようなかたちで生き残るのだろうか、と問うていた。その問いに対しては、ここまでの議論でひとつの答えが出たことと思う。

ポストモダン化は大きな物語の衰退を意味する。大きな物語の衰退は、現実認識の多様化を意味する。したがって、ポストモダンでは、多くの物語が、現実に依拠するのではなく、ポップカルチャーの記憶から形成される人工環境に依拠することになる。日本ではその変化は、ライトノベルの台頭にもっともわかりやすく現れている。いま日本の小説を支える想像力の環境は、近代的な現実を信じる自然主義的リアリズムと、近代的な現実から決別したまんが・アニメ的リアリズムに大きく分かれつつある。そして今後、後者の勢力は、拡大することはあっても縮小することはないと思われる。

つまりは、物語が成立しない、あるいはあまりにもたやすく成立してしまう環境においては、物語は現実から離れ、自らを支える環境を再帰的に構築することでかろうじて生き残るのである。その環境においては、物語は現実に直面しないし、またする必要もない。キャラクター小説はデータベースを参照して作られ、そうして作られたキャラクター小説がふたたびデータベースを豊かにしていく。私たちの目の前には、そのような循環的な物語生成の光景が広がりつつある。それが、ここまでの結論である。

(21) とはいえ、筆者はのち第11節で、キャラクター小説の特性が、ポストモダン化によって生みだされただけではなく、戦後日本のマンガ史やアニメ史と本質的に結びついている可能性にも言及する。その場合には、結局はオタクを離れてキャラクター小説はありえない、という話になるのかもしれない。いずれにせよ、キャラクター小説の未来には、オタク的な感性から離れる方向とオタク的な感性のなかに止まる方向の二つの道がある。そのいずれがキャラクター小説の文学的な可能性をより豊かに開くものなのか、それは筆者にもよくわからない。

B 文学 I

7——現実

それでは、この「ポストモダンに生き残った物語」は、私たちにどのような世界を見せてくれるのだろう。続くBパートでは今度は、それら人工環境の文学の内実を考えてみることにしよう。言いかえれば、キャラクター小説の社会学的な分析を行うのではなく、その文学的な可能性を探ってみることにしよう。

とはいえ、読者のなかには、この表現に戸惑うひとがいるかもしれない。というのも、私たちはさきほど、自然主義的リアリズムが現実を描くのに対して、まんが・アニメ的リアリズムは現実から離れていると述べたばかりだからである。しかし、既存の文芸評論においては、作品の「文学性」は、まさにその現実との「格闘」や「直面」といった隠喩で語られることが実に多い。その限りでは、キャラクター小説の文学性、すなわち「現実から離れた文学の文学性」などという表現は、ほとんど語義矛盾に響くはずだ。(22)

純文学を現実を知るために読む時代

それでは、私たちはどのように議論を進めるべきだろうか。いささか原理的なところまで戻ってみよう。

文学と現実の関係はきわめて複雑であり、ひとことで要約できるものではない。しかし、

(22) いままでの議論を追ってきた読者も、つぎのようには思うかもしれない。前近代の物語は共同体のなかに閉じこめられており、近代文学はその限界を克服するために「現実」を見いだした、それが自然主義的リアリズムだ、と筆者は述べる。しかし、もしそうならば、自然主義的リアリズムとまんが・アニメ的リアリズムは等置できないはずだ。なぜなら、自然主義的リアリズムの写生の対象（現実）が共同体の外部に拡がる大きな世界であるのに対して、まんが・アニメ的リアリズムの写生の対象（キャラクターのデータベース）は、戦後日本の、しかも特定の消費者集団が作りだした小さな世界でしかないからである。言いかえれば、自然主義的リアリズムが描く「現実」が多様な読者に開かれているのに対して、まんが・アニメ的リアリズムが描く記憶はひとつのサブカルチャーを共有する読者にしか開かれていない。そのような表現を「文学」と呼べるだろうか、云々。しかし、筆者がここで指摘しようとしているのは、そのような議論は実は、現実は共同幻想を超えるものであり、したがって現実と格闘するものこそが文学なのだ、という単純な循環論法しか語っていないということである。私たちは、いずれにせよ共同幻想のなかに生きている。一般に「現実」と呼ばれているものも、その多くは、マスメディアにより供給されるコミュニケーション・ツールとしての共通知識でしかない。文学にとっての問題は、言葉によってその幻想をいかにして超えようとするか、もしくはそこにいかに裂け目を入れるかということであり、その参照項がいわゆる「現実」だろうがオタクたちのデータベースだろうが、関係ないはずだ。

いまの日本文学をめぐる状況に話を限定すれば、とりあえずつぎのようなことは言える。

本書はキャラクター小説に焦点をあてているが、あらためて言うまでもなく、二〇〇〇年代半ばのいまも、純文学は社会的にはキャラクター小説よりはるかに大きな存在感を保っている。そして、その理由は必ずしも無根拠な権威化によるものとは言えない。というのも、キャラクター小説の読者は、数として多くても質的に限られているが、純文学の読者はさまざまな階層や年齢に散らばっているからである。

そして、その多様さは、純文学が現実を描いているという期待で支えられている。そのような期待が典型的に現れるのは、芥川賞受賞作をめぐる報道記事である。それらの記事では、多くの場合、小説の内容が社会問題と結びつけられて語られる。ミステリやホラーは娯楽のために読むが、純文学は娯楽ではなく、社会を知るために（たとえば、ニートの現在や在日韓国人の現在や独身女性の現在を知るために）教養として読むという前提が、この国では半年ごとに再強化されている。むろん、純文学に別の可能性を見ている読者はいるだろうし、批評に親しんだ読者ならば、むしろこのような文学観に強い抵抗を覚えるだろう。

しかし、ここ数年の話題作や、その語られかたを見るに、純文学への期待の中心がそのような素朴なリアリズムであることは否定しがたい。おそらくは、大塚が純文学の創作技法を「自然主義的リアリズム」と名づけたのも（文学研究の立場からはそれはいささか乱暴ということになるかもしれないが）、そのような状況を前提としてのことである。

このような日本文学の状況は、歴史的には一種の反動だとも考えられる。少なくとも一九八〇年代には、近代文学批判の言説はいまよりも大きな影響力をもち、純文学とジャンル小説の融合や越境が積極的に試みられていた。前述のポストモダン文学や後述の「ポップ文学」が台頭したのはこの時期であり、芥川賞の選考でも該当作なしが続いていた。

しかし、一九九〇年代後半に入ると状況は大きく変わってしまう。一九九五年以降、筆者が『動物化するポストモダン』で「動物の時代」と呼んだ時代が始まると、人々は複雑な理想や虚構ではなく単純な現実を求め始め、(23) 純文学は、文学的な実験の場所というよりも、むしろその素朴な欲望の受け皿として機能し始める。それはまた、文芸評論におい

（23）社会学者の大澤真幸《まさち》は、戦後日本の精神史を、一九七〇年前後を分水嶺として「理想の時代」と「虚構の時代」に分割した。筆者は『動物化するポストモダン』でそれを継承し、二つの時代のあとに、もうひとつ一九九五年以降の時代を指す「動物の時代」を付け加えた。理想の時代には人々は理想を信じて社会を構築し、虚構の時代では人々は虚構と戯れてアイロニカルに社会と接し、動物の時代には人々は身体的な快楽に身を任せ社会について考えなくなる、というのが筆者の主張だったが、この整理は、「動物の時代」には理想や虚構がいっさい消滅すると筆者が述べているかのような誤解を生んだ。実際には「動物の時代」には、理想や虚構は消滅するのではなく、その受容がきわめて単純になるのである（序章で行ったポストモダンと物語の関係についての注意も思い出してほしい）。したがって、それはまた、人々が、物語を理想や虚構としてではなく、単純に「現実」として受け止めてしまう時代とも言いかえることができる。アメリカ文学者の木原善彦は、筆者の「動物の時代」を「現実の時代」あるいは「諸現実の時代」と呼びかえることを提案しているが、これは採用するべきかもしれない。『UFOとポストモダン』、一八六頁以下参照。

て、思想的で抽象的な言説が支持を失い、社会学や心理学の「リアル」な言説が影響力を増していく過程と並行している。

本書の主題から外れるので簡単な言及に止《とど》めるが、筆者の考えでは、純文学と現実の関係のそのような変化は、阿部和重《かずしげ》の作風の変化にもっとも明確に現れている。阿部は一九六八年生まれの小説家で、一九九四年に『アメリカの夜』でデビューした。同作は、ポストモダニズム系文芸批評のパロディから始まり、多くの小説や映画への参照を含んだ作品であり、一九八〇年代の虚構的で多層的な文学の匂いを強くとどめている。

しかし、一九九七年の『インディヴィジュアル・プロジェクション』での「J文学」としての成功以降、彼の関心は、物語の多層性の追求よりも、むしろ、ドラッグや暴力、セックス、ネットといった現代風俗の描写に向かうことになる。二〇〇五年に芥川賞を受賞した『グランド・フィナーレ』は、彼の小説のなかではもっとも単純な構造しかもたない作品であり、したがってもっとも自然主義的な現実描写に近づいた作品である。同作は小児性愛者を主人公に据えており、実際にこの小説は、たまたま同時期に生じた奈良県の女児誘拐殺人事件との比較で読まれ、語られた。その状況は、現在の純文学の消費者が、阿部に、ひいては文学になにを期待しているのかを、はっきりと示している。

「新しい現実」に触れる「新しい文学」という読み方

私たちはこのように、まんが・アニメ的リアリズムの拡大の一方で、文学と現実の結びつきを、一九八〇年代よりもはるかに強く信じる時代に生きている。言いかえれば、文学に現実の描写を期待する時代に生きている。したがって、ライトノベルについても、それを「新しい現実」に触れる「新しい文学」として読解する批評が期待されている。

たとえば、文芸評論家の仲俣暁生《なかまたあきお》は、まさにそのような期待に応えている書き手だと言える。仲俣の関心の中心は純文学とSFやミステリ、すなわち自然主義的リアリズムに基づいたジャンル小説にあり、ライトノベルについてはときおりブログで触れるていどである。しかし、二〇〇七年に創設されるあるライトノベルのレーベルでは、新人賞の選考委員を務めている。現在文芸誌で活躍している評論家のなかでは、ライトノベルへの関係が深い。

仲俣の文学観は「ポップ文学」という言葉に集約される。それは、吉本隆明の造語であり、仲俣によれば、一九八〇年代に台頭した「SFやミステリ小説から強い影響はうけていたものの、彼らの作品自体はエンターテインメント小説では」ない。「SFやミステリ、マンガの読者とクロスオーバーし」た新しい読者層を対象とした、「いわく言いがたい新しい小説群」を指している。(24) ポップ文学は、村上龍、村上春樹、高橋源一郎、島田雅彦、吉本ばななに担われ、一九九〇年代以降、阿部和重、吉田修一、保坂和志、綿矢りさらへと継承された。

仲俣はこのポップ文学の概念を中心として、二〇〇二年の『ポスト・ムラカミの日本文学』と二〇〇四年の『極西文学論』で、現代日本文学史の再構築を試みている。そしてそこで評価の軸となるのは、それぞれの作家が、ここ四半世紀の日本を襲ったさまざまな変化、経済のグローバル化や生活空間の郊外化、あるいは日本の「J国」化（国家像のサブカルチャー化）に対してどのように対峙《たいじ》したか、つまり現実をどのような言葉で表現したか、という問題である。たとえば、『極西文学論』の議論はつぎのような文章で締めくくられている。「私たちの足下には土地があるのだが、植えられる言葉だけがまだ足りない。私たちがいちばん必要としているのは、どんな土壌でも葉を伸ばしてゆけるような、強い強い言葉なのだ」[25]。

そのような仲俣がライトノベルに関心をもつのは、彼がそこに「強い強い言葉」の可能性を見ているからである。彼はライトノベルの一部を、オタクたちのサブカルチャーというよりむしろポップ文学の流れのなかに位置づけており、実際に、前掲の新人賞についてのインタビューでは「ポップ」を鍵概念としている[26]。そこでは、ライトノベルには、キャラクター小説としての可能性ではなく、むしろ新しい現実を描く新しい自然主義文学としての可能性が期待されているようだ。おそらく、ライトノベルの文学的可能性という言葉を聞いたとき、多くの読者が想定するのは、このような新しい自然主義文学としての可能性なのではないかと思う。

本書で考える「文学的な可能性」とは

私たちは以下、そのような可能性に焦点を当てる読解を**「ライトノベルの自然主義的読解」**と呼ぶことにしよう。

筆者はその読解を排除するつもりはない。それはあるていど有効である。現代社会、とりわけ若い世代の生活には、マンガやアニメの固有名が深く侵入しており、マンガ的やアニメ的と形容したくなるような事件も頻発している。したがって、「新しい現実」を描写しようとすれば、マンガ的でアニメ的な表現の導入は避けられない。そのように理解すれば、ことさらにキャラクターの機能やオタクの歴史に注目することなく、ライトノベルの表現を、二〇〇〇年代的な「新しい現実」の写生として素直に読むことができる。

(24)『ポスト・ムラカミの日本文学』、五〇頁、五二頁。
(25)『極西文学論』、一二九頁。
(26) 問題のインタビューは「ポップでライヴな小説を待つ!」と題されている。『ライトノベルを書く!』。

そして実際に、そのような読解に適した作品も現れている。たとえば、筆者が注目している名前を挙げれば、佐藤友哉や滝本竜彦、桜庭《さくらば》一樹《かずき》の一部の作品が、そのような特徴を強く示している。彼らの想像力はもともとはまんが・アニメ的リアリズムと深く繋がっていたが、いまや彼らの小説は、ライトノベルよりも純文学に、すなわちキャラクター小説よりも私小説に近いものとして受容され始めている。佐藤や桜庭の小説を読むためには、本書のような面倒な手続きはもはや必要ないだろう。

しかし、本書で私たちが考えたい「文学的な可能性」は、そのような自然主義的な可能性とはまた異質なものである。筆者はここからさき、日本文学におけるライトノベルの台頭が、単純に新しい現実や新しい文学の出現を意味するだけではなく、むしろ、文学が現実を描写する、というその前提そのものに隠されたある屈折を暴くものであることを明らかにしたいと思う。そして私たちは、その屈折の存在にこそ、逆にキャラクター小説の文学的な可能性を見ていくことになる。

8——私小説

以上のような前提のうえで、あらためてキャラクター小説と現実の関係を考えてみよう。ここで出発点としたいのは、ふたたび大塚の議論だ。

「現実」と「私」の発見

大塚のまんが・アニメ的リアリズムの概念は、実は二つの異なったメディアの交差点で考えられている。まんが・アニメ的リアリズムは、マンガとアニメの影響のみで生まれたものではない。その誕生は文学の歴史にも支えられている。

どういうことだろうか。重要なところなので、少し細かく押さえておこう。大塚は、『キャラクター小説の作り方』をはじめとして、さまざまな著作や論考でつぎのような文学観を表明している。

日本は明治期に言文一致体を導入し、近代文学の歴史を開いた。しかし、言文一致の導入は人工的なものであり、その文体を採用した自然主義も無条件に受け入れられたわけではない。とりわけ、そこで導入された「私」と「現実」の概念は危《あや》ういものだった。「この国の文学が立ち上がる明治三〇年代とは、極めて人工的な「新しい現実」に対応して、極めて人工的な「新しい日本語」をもってそれを記述しようとし始めた時代だったということです[27]」。

これそのものは、大塚の指摘を待たずとも、文芸批評や文学研究でかなり一般的になっている認識である。たとえば、大塚自身はほとんど触れないが、文芸評論家の柄谷行人が一九八〇年に出版した『日本近代文学の起源』がその嚆矢《こうし》として知られる。この著作は第一章が「風景の発見」、第二章が「内面の発見」と題されているが、これはそれぞれ、「現実」と「私」の発見に相当している。言文一致の問題については、それ以外にもいくらでも参照すべきものがある。

まんが・アニメ的リアリズムの歴史的意味

しかし、大塚の独創は、その認識の延長線上でまんが・アニメ的リアリズムの出現を説明したことにある。

前にも引用したように、大塚は、まんが・アニメ的リアリズムの出発点を、一九七〇年代の後半、『ルパン三世』の「模倣」を試みた新井素子の登場に見ている。そして彼はその新井の試みに、一九〇七年に田山花袋が『蒲団』で行ったこと、すなわち「私小説」の誕生との呼応関係を見ている。

その議論はいささか複雑である。大塚は、まず『蒲団』について、「「新しい日本語」の文体からなる「文学」が一人の女性に「私」を与え、その「私」を「文学」という虚構の世界ではなく「現実」に生きようとした結果の悲劇」だと述べている。[28]かなり入り組んだ表現だが、要約すれば、ここで大塚が言おうとしているのは、一九〇〇年代初頭の日本文学において、言文一致が作りだした「私」はあくまでも虚構の存在だったが、にもかかわらずそれを「現実」だと思いこまされてしまう悲劇があり、『蒲団』とは実はその悲劇そのものを対象化したメタ文学だったのだ、ということである。そして大塚は、この認識のもとに、『蒲団』を単なる私小説の誕生の記念碑的作品としてではなく、むしろ、言文一致が一方で開いた「キャラクターとしての私」の可能性を、それが他方で生みだした私小説的な「私」が封印するという、自己矛盾的な過程の記録として読み解こうとする。「花袋の「蒲団」について言うなら、これは花袋をモデルとする作家の「キャラクターとしての私」を描く小説ではなく、そのような「私」が成立してしまった事態をこそ描く小説で

(27)『キャラクター小説の作り方』新書版、二九〇頁。
(28)『キャラクター小説の作り方』新書版、二九一頁。

あり、この小説をもって、むしろ「キャラクターとしての私」と「私小説」的な「私」は別途のものと見なされるようになったのである」。

そして、大塚は、まんが・アニメ的リアリズムあるいはキャラクター表現の出現に、まさにこの『蒲団』の封印の解放を見ることになる。「新井素子は図らずも「キャラクターとしての私」を近代文学の起源から呼び起こしてしまったのだといえる」と彼は記す。[29] 大塚は思想系の用語を好まないが、現代思想の修辞に親しんでいる読者には、これは「抑圧されたものの回帰」の話だと要約するとわかりやすいかもしれない。

一九〇〇年代に自然主義文学が抑圧し、それ以降忘却され続けてきたキャラクターとしての「私」とまんが・アニメ的な「現実」が、一九七〇年代のキャラクター小説の誕生によって、日本文学へと大きく回帰する。これが、大塚のまんが・アニメ的リアリズムの議論を一方で支えている歴史観である。「芳子〔『蒲団』の登場人物〕が描いた仮構の現実の中に仮構の私を描く小説は、少女小説やミステリーを経て、やがて、新井素子や「スニーカー文庫のような小説」として再び小説の歴史に現れたのです」。[30]

(29)『サブカルチャー文学論』、四一五頁、四二〇頁。
(30)『キャラクター小説の作り方』新書版、三〇三頁。

9――まんが記号説

そしてもうひとつ、大塚の議論を理解するうえで欠かせないのが、彼のマンガへの視線である。マンガ評論家でもある大塚にとって、「まんが・アニメ的」という言葉は、彼自身のマンガ理解に裏打ちされたものにならざるをえない。

この点も少し細かく押さえていこう。大塚のマンガ評論の中心は、マンガの表現は記号にすぎないのか、それとも記号を超えた身体性を獲得できるのか、という問いにある。その問いの中心にあるのは、手塚治虫が一九七九年のインタビューで行ったとされる、マンガの本質は記号の組み合わせにすぎないという発言である。大塚はこの発言を「まんが記号説」と呼び、その有効性や限界を軸にマンガ評論を展開した。

さきほどの言文一致の問題と同じく、マンガの記号的特徴についても、多くの論者が検討を加えている。作品分析に話を限れば、大塚よりも参考になる論者も少なくない。しかし、そのなかで大塚の議論が注目されるのは、彼がその記号的な特徴を、制作手法の問題としてだけではなく、倫理的な側面を含んだ複眼的な問題設定のなかで検討しているからである。

マンガの持つ記号的-身体的両義性

大塚は、一九八〇年代にロリコンマンガの編集者を経験し、そのあとに評論活動を始めている。そしてそれは、宮崎勤による有名な幼女誘拐事件が起き、続いていくつかの自治体によってポルノマンガ（とりわけ、大塚自身が関わっていたロリコンマンガ）が「有害コミック」として指定される、いわゆる「有害コミック騒動」が起きた時期に重なっている。

マンガを主題とした大塚の最初の著作、一九九四年の『戦後まんがの表現空間』は、その状況を背景として、まず「まんが記号説」とその騒動の関係を考えるところから始まっている。もしマンガが記号にすぎないのであれば、いくら性が描かれていたとしても、すべては現実と切断された記号だとして規制を拒否することができる。しかしそれは、マンガ表現の可能性をあらかじめ限定するということでもある。他方、もしマンガに現実を描写する力を認めるのだとすれば、作家には相応の責任が求められるし、一定の規制も受け入れざるをえないだろう。「まんが記号説」の是非は、そのような実践的な問題と深く関係している。

それでは、大塚はどちらを選ぶべきだと考えているのだろうか。彼は一九九四年の時点では曖昧な答えしか出していないが、二〇〇〇年代には興味深い主張を展開している。それは、マンガ表現は記号でもあるし記号でもない、という奇妙な議論である。そもそもマンガの読者は、デフォルメされ記号化されたキャラクターにも感情移入を行い、ときには性欲すら感じている。だからこそロリコンマンガも成立する。そしてそれは、マンガ表現が、類型的な記号の組み合わせでありながら、同時に独特の身体性を帯びていることを意味している。つまり、「まんが記号説」は、単に正しいとも誤っているとも言えない、というのが大塚の考えだ。

図1.3　手塚治虫『勝利の日まで』
『キャラクター小説の作り方』より引用
(新書版、p.130)

そして大塚は、マンガのこの**記号的‐身体的両義性**の起源を、手塚自身の初期作品、具体的には、一〇代の手塚が終戦直前に記した習作『勝利の日まで』のある特定のコマに見ている（図1・3）。

大塚の読解によれば、この小さな作品には、ディズニーがもたらし、手塚が幼年期に受容していたはずの「記号的」な表現、すなわちデフォルメされたキャラクターと、戦時下の日本で要請された「科学的リアリズム」、すなわち戦場や兵器の精緻な描写が、あちこちで衝突しているさまが観察できる。そして、その衝突の結果、手塚の表現に決定的な変容が起きているのが、ここに引用した図版の三コマ目だと大塚は言う。このコマでは、いかにもマンガ的なキャラクターが、記号的な表現であるにもかかわらず、銃弾を浴びて血を流している。「手塚はここで記号の集積に過ぎない、非リアリズム的手法で描かれたキャラクターに、撃たれれば血を流す生身の身体を与えているのである。ぼくはこの一コマこそが、手塚まんがの、そして「戦後まんが」の発生の瞬間だと考える。［……］のらくろ的な、ミッキーマウス的な非リアリズムで描かれたキャラクターに、リアルに傷つき、死にゆく身体を与えた瞬間、手塚のまんがは、戦前・戦時下のまんがから決定的な変容を遂げたのである」[31]。

これ以上に詳しい分析は、大塚自身の著作、とくに二〇〇三年の『アトムの命題』と二

○○五年の『「ジャパニメーション」はなぜ敗れるか』を参照してもらいたい。いずれにせよ、ここで本書の文脈で重要なのは、大塚が、『勝利の日まで』が導入したこの記号的―身体的両義性が、手塚自身の表現の革新にとどまらず、手塚に続いて現れた多くの作家の主題を、したがって戦後日本のサブカルチャーの中心そのものを規定したと主張していることである。彼はつぎのように述べる。「戦後まんが史に於ける名作の多くが、自身の身体性への違和感を抱え、その上に彼らの「心」が萌芽し、そして、それが「まんが」という本来、非リアリズム的表現である手法によって描かれなければならなかったのは手塚の中で成立した「アトムの命題」故である。まんがが「記号」でありながら、しかしリアルな人間を表現しようとした時、否応なく成立したこの問いは映像的手法以上に戦後まんが史を本質から規定しているようにぼくは思う」[32]。

大塚がまんが・アニメ的リアリズムについて語るとき、その背後にはつねにこのようなマンガ史の認識がある。したがって大塚は、記号でありながら身体を描くという矛盾を抱えこむこと、「まんが表現が自然主義の夢を見てしまった矛盾」[33]が、まんが・アニメ的リ

(31)『アトムの命題』、一五八頁。
(32)『アトムの命題』、二六四頁—二六五頁。
(33)『サブカルチャー文学論』、四一二頁。

アリズムの成立条件だと考える。逆に、キャラクターを用いながらその矛盾（「死にゆく身体」）を抱えこまない表現に対しては、彼は美学的かつ倫理的にきわめて厳しい評価を下すことになる。[34] 私たちはのち、Cパートの議論で、この問題にもういちど戻ることになるだろう。

（34） 大塚によれば、このマンガ表現の両義性は、夢想的な（したがって政治的に危険な）非リアリズムと、動員の道具にたやすく転化してしまう（したがって同じく政治的に危険な）リアリズムのいずれも退ける点で、「戦時下や占領下の表現との格闘のなかで誕生した、倫理的な表現」である。「戦後まんが史の始まりにおいて、手塚は、戦前および戦時下のまんがが持っていた暴力性を「武装解除」しようとした。それは戦時下の手塚が、死にゆくキャラクターという特異な、しかし、まさに戦後まんがの出発点となる身体性を抱え込んでしまったことと、おそらく関係しています。その事実を考えたときに、一方で思うのは、今日のまんがの死なない身体性への無神経さです」（『「ジャパニメーション」はなぜ敗れるか』、一八七頁、一八六頁）。

10――半透明性

キャラクター小説の言葉

さて、大塚は、キャラクター小説の制作手法、すなわちまんが・アニメ的リアリズムの誕生を、自然主義が抑圧した可能性の回帰という文学史的な問題と、記号的でも身体的でもある両義的な表現の進化というマンガ史的な問題の交差点で捉えていた。この視点は実に大きな批評的射程を備えている。

ここで、さきほども触れた柄谷の『日本近代文学の起源』を、補助線として利用してみよう。この著作は「リアリズム」についてつぎのように述べている。「彼〔正岡子規〕は、ノートをもって野外に出、俳句というかたちで「写生」することを実行し提唱した。このとき、彼は、俳句における伝統的な主題をすてた。「写生」とは、それまでは詩の主題となりえなかったものを主題とすることなのである。〔……〕「描写」とは、たんに外界を描くということとは異質ななにかだった。「外界」そのものが見出されねばならなかったからである」。「「リアリズムの源流」は同時に「ロマン主義の源流」でもあって、私がそれを「風景の発見」として語るのは〔……〕、すでに「風景」によって生じた認識的な布置に慣れてしまったわれわれの起源を問うためである」(35)。

柄谷がここで指摘しているのは、「現実を描く文学」と「現実を描かない文学」の対立こそが、明治二〇年代から三〇年代にかけての時期に作られた、歴史の浅い制度にすぎないということである。そして、彼はそこで、その制度の前提となった現実描写の特性を

(35)『日本近代文学の起源』、三〇頁―三一頁、三八頁。

「透明」という比喩で表現している。「私が問題にしてきたのは、写すということがいかなる記号論的布置において可能なのかということである。事物があり、それを観察して「写生」する、自明のようにみえるこのことが可能であるためには、まず「事物」が見出されなければならない。だが、そのためには、事物に先立ってある「概念」、あるいは形象的言語（漢字）が無化されねばならない。言語がいわば透明なものとして存在しなければならない」[36]。

近代以前、言語は意味や歴史に満たされた不透明なものとして存在し、主体と世界のあいだに障害として立ちふさがっていた。言文一致はその障害を取り除き、主体と世界が直面することを可能にした。少なくとも、人々にそう想像させた。自然主義文学はそこで生まれた。柄谷は、そのようなイメージで近代文学の誕生を捉えている。そして、そのイメージのうえに大塚の議論を重ねると、キャラクター小説が文学史とマンガ史の交差点で生まれたことの意味がより明確になってくる。

柄谷によれば、前近代の物語の言葉は「不透明」で、近代文学あるいは自然主義の現実描写は言葉を「透明」にすることで生まれた。そして、大塚によれば、キャラクター小説はその過程で抑圧された可能性の回帰として生まれた。つまり、キャラクター小説の誕生によって言葉はふたたび「透明」ではなくなり、現実を単純に描写するものではなくなった。
しかし、それはただ「不透明」に戻ったわけでもなかった。なぜならば、キャラクター小説が導入した新しい言葉、まんが・アニメ的リアリズムは、記号的でありながら「自然主義の夢」を見る、すなわち、不透明で非現実的な表現でありながら現実に対して透明であろうとする矛盾を抱えた、マンガ表現のそのまた「模倣」として作られた言語だからである。自然主義と反自然主義（ロマン主義）、現実と非現実、透明と不透明の関係は、ここではたいへんに入り組んでいるのだ。

戦後日本が育ててあげてきたマンガのキャラクターは、記号的でありながら、独特の身体性を抱えている。その写生で作られたまんが・アニメ的リアリズムの言葉も、同じ両義性を受け継いでいる。キャラクター小説の文章が、あたりまえの風景を描写していたとしてもつねにどこか嘘くさく（だからこそそれは多くの読者に違和感を感じさせる）、逆にまったくの幻想的な世界を描いたとしてもどこか「リアル」に感じられてしまう（だからこそそれは若い読者の感情移入を誘う）のは、おそらくはその両義性があるためだ。前近代の語りの言葉が「不透明」で、近代の自然主義文学の言葉が「透明」だという柄谷の比喩を拡張して言

（36）『日本近代文学の起源』、七五頁。

えば、ポストモダンのキャラクター小説の言葉は、近代の理想を前近代的な媒体に反射させ、その結果を取りこんだという屈折した歴史のゆえに、「半透明」だと言えないだろうか。

セカイ系の想像力を支える「半透明」の言葉

キャラクター小説は「半透明」な言葉で作られている。むろん、これはあくまでも比喩である。しかし、その比喩は、ここまで辿ってきたような評論の文脈を知らなかったとしても、キャラクター小説に親しんだ読者にとっては、直感的に理解できるものなのではないかと思う。

たとえば、この数年、ブログを中心に、ライトノベルやその周辺作品に現れる想像力を形容するものとして、しばしば「セカイ系」という言葉が使われている。それは、ひとことで言えば、主人公と恋愛相手の小さく感情的な人間関係（「きみとぼく」）を、社会や国家のような中間項の描写を挟むことなく、「世界の危機」「この世の終わり」といった大きな存在論的な問題に直結させる想像力を意味している。典型的な作品としては、高橋しんの二〇〇〇年から二〇〇一年にかけてのマンガ『最終兵器彼女』、新海《しんかい》誠の二〇〇二年のアニメ『ほしのこえ』、秋山瑞人《みずひと》の二〇〇一年から二〇〇三年にかけての小説『イリヤの空、

UFOの夏』が挙げられることが多い。「セカイ系」という言葉そのものは二〇〇三年ごろより流行し始め、本書執筆の時点では早くも言葉として古くなり始めているが、セカイ系に分類可能な作品が減ったわけではない。むしろ、セカイ系の想像力はいまやオタクたちの市場全体に拡散し、そのためにかえって語られなくなったと考えたほうがよい。前に挙げた上遠野の『ぼくらは虚空に夜を視る』も、谷川の『涼宮ハルヒの憂鬱』も、ともにセカイ系の特徴を備えている。

そして、そのような想像力は、以上の観点から見ると、まさに言葉の「半透明」性に支えられたものだと分析できる。言葉がもし「透明」だったら、作品世界は現実の描写として理解される。したがって、日常の論理を超えた世界を描くためには、描写に説得力をもたせるために膨大な手続きが必要となる。実際、自然主義的リアリズムのうえで作品を記しているSF作家たちは、設定にたいへんな労力を傾けている。他方で、言葉がもし「不透明」だったら、作品世界は最初から現実を離れて理解される。荒唐無稽な物語や状況はいくらでも描くことができるが、読者の等身大の感情移入を誘うことは難しくなるだろう。神話や民話がそのようにして作られている。

しかし、まんが・アニメ的リアリズムの「半透明」な言葉は、そのどちらでもない表現を可能にしている。キャラクター小説の登場人物は、マンガのキャラクターをモデルに描かれているため、身体をもちながら記号的であり、人間でありながら人間ではない曖昧な存在として受容される。[37] したがって、読者は一方で登場人物に簡単に同一化することができるが、他方でその行動が現実からいくら離れたとしても、それもまた自然に受け入れることができる。

セカイ系の小説は、そのようなキャラクター小説の言葉の特性を最大限に活かして作られている。そこでは、一〇代の平凡な主人公を取り巻く平穏な学園生活の描写で物語が始まり、かつその日常性を維持したままでありながら、ヒロインが戦闘機のパイロットであったり（『イリヤの空、UFOの夏』）、同級生が宇宙人であったり（『涼宮ハルヒの憂鬱』）、学園生活そのものが仮想世界であったりする（『ぼくらは虚空に夜を視る』）、非現実的な世界が淡々と描かれていく。日常と非日常を直結するそのような物語展開は、作者の想像力や読者たちの感性よりもまえに、前近代の語りとも近代の言文一致体とも異なった、ポストモダンのハイブリッドな**文体**によって可能になっているのだ。

キャラクター小説の隆盛は例外的な現象なのか

そして、このような分析は、Aパートの議論にも多少の修正を要求してくる。Bパートの冒頭ででも振り返ったように、筆者はそこで、自然主義文学は現実を描写し、キャラクター小説は現実から離れていると整理していた。

しかし、ここまでの議論で明らかになってきたように、その整理はあまりにも単純である。実際には、キャラクター小説は現実と離れているのではなく、現実に半分だけ接している。その半分にこそ、キャラクター小説の魅力と不気味さの源泉がある。

したがって、純文学あるいは自然主義の環境（現実）とキャラクター小説の環境（データベース）もまた、単純には対立させることができない。日本の文学は確かに二つの想像力の環境に引き裂かれているが、両者は独立ではない。自然主義の環境にもキャラクター小説の環境にも、それぞれの歴史がある。その歴史のなかでは、「自然主義の夢」が、文学からマンガへ、そしてふたたび文学へと、メディアを横断して、変形され、手渡され、継承されているのだ。

自然主義が現実を環境とすることができたのは、近代化とともに言語を透明化したからである。しかし、キャラクター小説がデータベースを環境とすることができたのは、ポストモダン化とともにその透明化が機能しなくなったからだけではない。一九七〇年代の日

(37) 本論でのち参照するマンガ評論家の伊藤剛は、手塚治虫以来、マンガ表現は「現実の身体の表象」という大きな問題を抱えこみ、その問題への態度が各作家の「亜人間」あるいは「人間ではないもの」の描写として現れると分析している。『テヅカ・イズ・デッド』、一二六頁以下。おそらく同じことがキャラクター小説にも言える。

本でキャラクターのデータベースがポストモダンの新しい文学の苗床《なえどこ》になることができたのは、おそらくは、文学の外側に、私小説の夢を見ていた別のメディアがあったからである。

筆者はAパートで、人工環境の文学の台頭は、ポストモダン化が進むなかでの必然だと述べた。しかし、文学の二環境化は、以上のように、文学とその外部のあいだで行われた「自然主義の夢」のキャッチボールに支えられているとも考えられる。そして、そのキャッチボールは、歴史のなかで半ば偶然に生じている。

だとすれば、もしかしたら、いま私たちが目撃しているキャラクター小説の隆盛は、偶然の積み重ねに支えられた例外的な現象なのかもしれない。人工環境のリアリズムは、確かにポストモダン化の必然として生まれるが、特殊な条件がなくては大きく成長しないのかもしれない。それは、「自然主義の夢」をマンガという特殊なメディアに託してきた戦後の日本でのみ、そしてオタクのサブカルチャーのなかでのみ、豊穣《ほうじょう》な作品を生みだすことができたのかもしれない。つまりは、キャラクター小説は、原理的にはポストモダンが生みだした小説形態のひとつでありながらも、現実には戦後日本でのみ可能だった小説形態なのかもしれない。

筆者には、この点はまだ判断がつかない。その答えは、日本文学の二環境化を正面から見据え、純文学とライトノベル、そしてさらにマンガやアニメを同じ評価軸で扱ったうえで、メディアと社会の関わりのなかでそれぞれの想像力の環境の歴史を追跡することができるような、まったく新しい「日本文学史」が書かれてはじめて手に入るのではないかと思う。私たちは、いまは、そのはるか手前で考察の糸口を探している段階だ。

11――文学性

現実を言葉の半透明性を利用して描く

さて、第8節で、私たちはキャラクター小説の文学的な可能性を「屈折」のなかに発見すると予告していた。ここまでの議論で、その予告の意味はかなり理解してもらえたのではないかと思う。

まんが・アニメ的リアリズムは、現実を半分だけ描写する。そしてその半分が、自然主義的リアリズムの文体では不可能な、日常と非日常が隣接した独特の作品世界を可能にする。セカイ系の小説がその一例である。Aパートの議論では、作品と環境の関係が焦点化され、環境の歴史は問われなかったため、このような文体の特性は視野に入ってこなかった。このBパートでは、その部分を補ったことになる。

そして、ここからはまさに、キャラクター小説の文学的な可能性を考えるための、自然主義の可能性とは異なった視座が見えてくる。自然主義文学においては、言葉が透明だったからこそ、現実との格闘が文学性の条件として語られてきた。しかし、まんが・アニメ的リアリズムの言葉の半透明性に注目する私たちは、キャラクター小説と現実の関係を異なったように考えることができるはずだ。まんが・アニメ的リアリズムの言葉は半分しか透明ではなく、したがって現実の十全な描写はできない。だとすれば、逆に、キャラクター小説の文学的な可能性は、現実を自然主義的に描写することにではなく（それはそもそも無理なのだから）、透明な言葉を使うと消えてしまうような現実を発見し、それを言葉の半透明性を利用して非日常的な想像力のうえに散乱させることで炙りだすような、屈折した過程にあると考えられないだろうか。

平凡な現実（日常）を描くのであれば、自然主義的リアリズムを用いればいい。逆に荒唐無稽な虚構（非日常）を徹底して追求するのも、自然主義的リアリズムの言葉が向いている。キャラクター小説の想像力はその中間にある。私たちが、主人公が平凡な少年であり、舞台も日本のありふれた街でありながら、同級生が戦闘機のパイロットだったり、宇宙人だったり、学園生活そのものが仮想だったりするような物語を読んでしまうのは、そして、多くの若い作家がそのような小説を描くことを選び、またそれが多くの若い読者に自然に受け入れられているのは、おそらくはそこに、そのような非日常の鏡を通してしか現れないなにかが描かれているから、少なくとも、多くの読者がそう信じているからである。

自然主義的な読解は、キャラクター小説の魅力を新しい現実の写生に見る。しかし、筆者としては、キャラクター小説の魅力を、むしろ非現実的なキャラクターによる、現実の乱反射に見いだしたい。日常を描くために非日常的な想像力をいかにして必然的なものにできるか、そこにこそ、前近代の語りとも近代の自然主義とも異なった、キャラクター小説の文学的な挑戦があるのではないか。

仮構を通してこそ描ける現実

そしてまた、以上のように整理すると、実は大塚の主張もより明確に理解することができる。たとえば、彼は、新井とほぼ同時期に現れた近い世代の女性作家、堀田あけみに触れてつぎのように述べている。

堀田は一九八一年に、『１９８０　アイコ　十六歳』で文藝賞を当時の史上最年少で受賞し、大きな話題を呼んだ。大塚によれば、この小説の主人公は、新井の小説と同じように類型化して描かれ、その点で「キャラクターとしての私」としての性格を備えている。しかし、両者には決定的な差異がある。「新井素子は身体が記号であるアニメ的世界で「私」を描き、「死」を描く。しかし、堀田あけみは「１９８０年」という現実の時間を持ち出している。「私」は同様にキャラクター化していながら、彼女はリアリズム的現実の上にそれを紡ぎ出してしまっている。「仮構の私」を描きながら、しかし、それが何故、書かれなくてはならないのか、あるいはそれを成立させるにはいかなる方法をもってなされるべきなのかというところまで堀田あけみの小説は至っていない」[38]。

ここで大塚は、新井と堀田を対照させることで、キャラクター小説と現実の複雑な関係について語ろうとしている。新井は、「私」や「死」といった自然主義的な主題を、キャラクターの世界に投げ入れている。それに対して堀田は、キャラクターの意匠を、自然主義的な世界に投げ入れている。両者は表面的には近いが、本質においてはまったく異なると大塚は考える。なぜなら、前者ではキャラクター的表現と主題の衝突が起こるが、後者ではその衝突が起こらないからである。そして、前者はその衝突を通してある現実を描こうとしているが、後者ではそれは看過されるからである。

そして大塚は、前者だけが「文学」の名に値すると考える。前述のマンガ史を引き継ぎつつ、キャラクター的で記号的な表現を通して現実を描こうとする、その矛盾した意志を引き継いでいたからである。

自然主義的な読解は、文学の文学性を現実の描写に求めた。それに対して、大塚は、文学の文学性を現実描写のなかの独特の屈折に求める。たとえば彼は、『キャラクター小説の作り方』で、「仮構しか描けない、と自覚することをもって、初めて描き得る「現実」がある」と記し、キャラクター小説はその逆説を通してはじめて文学になるし、またそうでなければばならないと繰り返している。「キャラクター小説を志願するあなたたちは、「文学」であることを恐れてはいけません」[39]。筆者は本書で、仮構を通してこそ描ける現実、と大塚が逆説的に表現したその感覚に、「半透明性」という言葉を与えたつもりである。「文学」の定義の問題については、Cパートでもういちど議論することになるだろう。

ここまでの議論を整理しておこう。私たちは、第1章の冒頭で、ポストモダンなデータベース消費の世界において物語はどのようなかたちで生き残るのか、そしてその新しい物

(38)『サブカルチャー文学論』、四二三頁。
(39)『キャラクター小説の作り方』新書版、三〇四頁―三〇五頁。

語はどのような可能性を見せてくれるのか、と問うていた。

最初の問いへの答えは、すでに示したように、「人工環境の文学として生き残る」というものである。

ポストモダン化は大きな物語の衰退を意味する。大きな物語の衰退は、人々の現実認識の多様化を意味する。したがって、ポストモダン化が進んだ社会では、多くの物語が、自然主義的な現実にではなく、ポップカルチャーのデータベースから形成される人工環境に依拠して作られる。日本ではその変化が、オタクたちのキャラクター小説にもっとも先鋭的に現れた。

それでは、その人工環境の文学には、どのような文学的な可能性があるのだろうか。その問いに答えるためには、ポストモダン論に加えて文学史的な視点を導入する必要があった。

日本文学は、一〇〇年前に自然主義を輸入し、六〇年前にそれをマンガに輸出し、三〇年前にその理想をあらためてマンガから逆輸入することで、キャラクター小説を生みだした。まんが・アニメ的リアリズムには、その理想が屈折して畳みこまれている。その屈折は、キャラクター小説に、いままでの自然主義的な写生とは異なる、「不透明な」表現を可能にする。つまりは、キャラクター小説には、その歴史的な経緯から、近代文学とは異質な文体の可能性がある。これが、二つめの問いに対する、現時点での答えということになるだろう。

C　メディア

12――「ゲームのような小説」

小説ならではの問題とは

さて、私たちはここまでの考察で、ポストモダンの条件とキャラクター小説の関係について、社会学的観点からと文学的観点から、それぞれ一定の知見を引き出すことに成功したように思う。第1章の残りでは、現代の文学の位置を考えるうえで避けられない論点をもうひとつ付け加え、キャラクター的想像力のある特性を明確にしたうえで、第2章に繋げることにしたい。

ここで付け加えたいのは、メディア論的な視点である。現代社会では物語はさまざまな形式で提供されている。オタクたちの市場では、その傾向はとりわけ激しい。そこでは物語は、小説として語られるだけではなく、マンガやアニメとして描かれても、ゲームのシナリオに組みこまれても、あるいはキャラクターグッズの背後に存在が暗示されるだけのこともある。『動物化するポストモダン』でも指摘したように、ひとつの物語をとりまくメディアの複数性、いわゆる「メディアミックス」こそが、データベース消費を特徴づけている。小説はそのなかで、必ずしも有力な形式ではない。

私たちはここまで、現代社会の物語について考えるため、キャラクター小説を範例として選んできた。物語について考えるため小説を選ぶというその選択は、もし本書が既存の文芸評論であるならば、常識的なものであり、とくに根拠を示す必要はないだろう。しかし本書は、オタクたちの文学を対象としている。そして、オタクたちの文学的あるいは物語的想像力は、実に多様なメディアで展開されている。したがって、その環境のなか、あらためて小説という形式に注目するのであれば、その理由もまた明確にされる必要がある。

私たちは前節までの議論で、ポストモダンの時代には人工環境の文学が必要とされること、そしてそれが、日本では特殊な歴史と結びついてキャラクター小説を生みだしたことを明らかにした。それでは、その人工環境の文学、つまりキャラクター小説の特性は、同じキャラクターの想像力に支えられたほかのメディアからはどのように区別されるのだろうか。言いかえれば、その想像力が、マンガでもアニメでもゲームでもなく、小説というかたちを取って現れたときに、そこに特異に現れる問題や課題とは、もしそのようなものがあるとすれば、どのようなものだろうか。

ライトノベルの起源を巡る議論

ここで新しく出発点としたいのは、みたび大塚の議論である。ただし、今度は彼の考察を参照するためではない。むしろその盲点に学ぶためである。

どういうことだろうか。大塚に限らず、あらゆるライトノベル論はそれぞれの盲点を抱えている。第1節でも触れたように、新城の『ライトノベル「超」入門』は、「狭義」のライトノベルの歴史について語っている。新城は、「狭義のライトノベル・レーベル」の出発点を、一九八八年の角川スニーカー文庫と富士見ファンタジア文庫の創刊に、「狭義のライトノベル」の確立を、一九九〇年の『スレイヤーズ！』の出版に見ている。私たちはいままで、この認識を前提にしてライトノベルについて語ってきた。

しかし、新城自身が「狭義」という留保をつけていることからわかるように、ライトノベルの歴史を別の観点から語ることも可能である。年長の読者は、ライトノベルの定義をもっと拡げ、起源をより遠くに求めたいと思うだろうし、逆に若い読者は、ライトノベルの定義をもっと狭くし、より近くに切断線を設定したいと思うかもしれない。実際にいまネットでは、上遠野浩平のデビューに切断を見いだし、ライトノベルの可能性の中心をセカイ系や一般文芸との境界的な作品に定め、『スレイヤーズ！』や後述の『ロードス島戦記』から切り離して考える言説が現れ始めている。そのような見方は、前述の自然主義的読解とも親和性が高いので、あと数年もすればライトノベル論の主流を占めるかもしれない。そのいずれにせよ、ライトノベルの定義や起源の選択には、それぞれの論者の文学観や社会観、オタク観が克明に反映されざるをえない（むろん、これは本書自身に対しても言える）。

そして、この観点からすると、大塚のライトノベル論にも独特の偏《かたよ》りが見えてくる。彼は『キャラクター小説の作り方』で、ライトノベルの起源を三つに分けている。第一は一九七〇年代以前から存在した「ジュブナイル小説」、第二は一九七〇年代に現れた「少女小説」、そして第三は、一九八〇年代後半にテーブルトーク・ロールプレイングゲーム（TRPG）の方法論を導入して書かれ始めた、「ゲームのような小説」である。(40)

第一の分類は、年少の読者を対象とした、自然主義的リアリズムに基づくエンターテイ

（40）『キャラクター小説の作り方』新書版、一二三頁以下。

ンメント小説である。大塚は、代表的な作家として、眉村卓《まゆむらたく》や平井和正、井上ひさしなどを挙げている。この小説群は、子ども向けという点での制約はあるものの、基本的には従来のSFやミステリの枠のなかで書かれており、とくに強い特徴をもつものではない。

第二の分類は、一九七〇年代から一九八〇年代にかけて、若い女性作家によって作りあげられた小説群である。その成功には、一九七六年に創刊されたコバルト文庫が大きな役割を果たしている。大塚は作家として、さきほど詳しく触れた新井に加え、氷室《ひむろ》冴子や久美沙織、折原みとなどを挙げている。彼女たちの文体は特徴的で、当時は文芸評論家にもこれら「少女小説」に注目した例は多かった。前述のように、大塚はこれこそがまんが・アニメ的リアリズムの母体だと考えている。少女小説から生まれたまんが・アニメ的リアリズムが、ジュブナイル小説に流れこむことでライトノベルの原型が作られた、というのが大塚の考えだ。

『ロードス島戦記』登場の意味

他方、第三の分類は、国内の小説市場から現れた両者とは異なった出自をもっている。テーブルトーク・ロールプレイングゲームは、ごく簡単に紹介すれば、「ゲームマスター」と複数の参加者が現実のテーブルを囲み、ゲームマスターの指示のもと、参加者が架空のキャラクターの役割を演じながら共同でひとつの物語を構築していく、演技的で社交的な遊戯である。同じ設定と規則のもとでも、ゲームマスターとプレイヤーが異なれば、あるいは同じゲームマスターとプレイヤーのもとでも骰子《さいころ》の目が異なりそれぞれの意志が異なれば、プレイごとにまったく異なる物語が現れてくる。舞台となる世界は、いわゆる「剣と魔法」のファンタジー的な世界観で作られることが多いが、必ずしもそれだけではない。

テーブルトーク・ロールプレイングゲームは、一九七〇年代前半にアメリカで考案された。日本にも少し遅れて紹介されたが、日本では、一九八〇年代前半に家庭用ゲーム機が普及したため、その応用で開発された、コンピュータを用いたロールプレイングゲームのほうがさきに大衆化している。日本語でいま単に「ロールプレイングゲーム」と言えばコンピュータ・ロールプレイングゲームを指し、起源のほうが「テーブルトーク」という形容詞をつけて呼ばれるのは、この事情のためらしい。しかし、一九八〇年代から一九九〇年代にかけては、若い世代を中心にテーブルトーク・ロールプレイングゲームもまたブームを迎え、さまざまなジャンルに影響を与えた。

とりわけ本書の文脈で重要なのは、そこでテーブルトーク・ロールプレイングゲームのプレイ風景を書き起こした「リプレイ」作品、すなわち、ゲームシステムのうえで生みだ

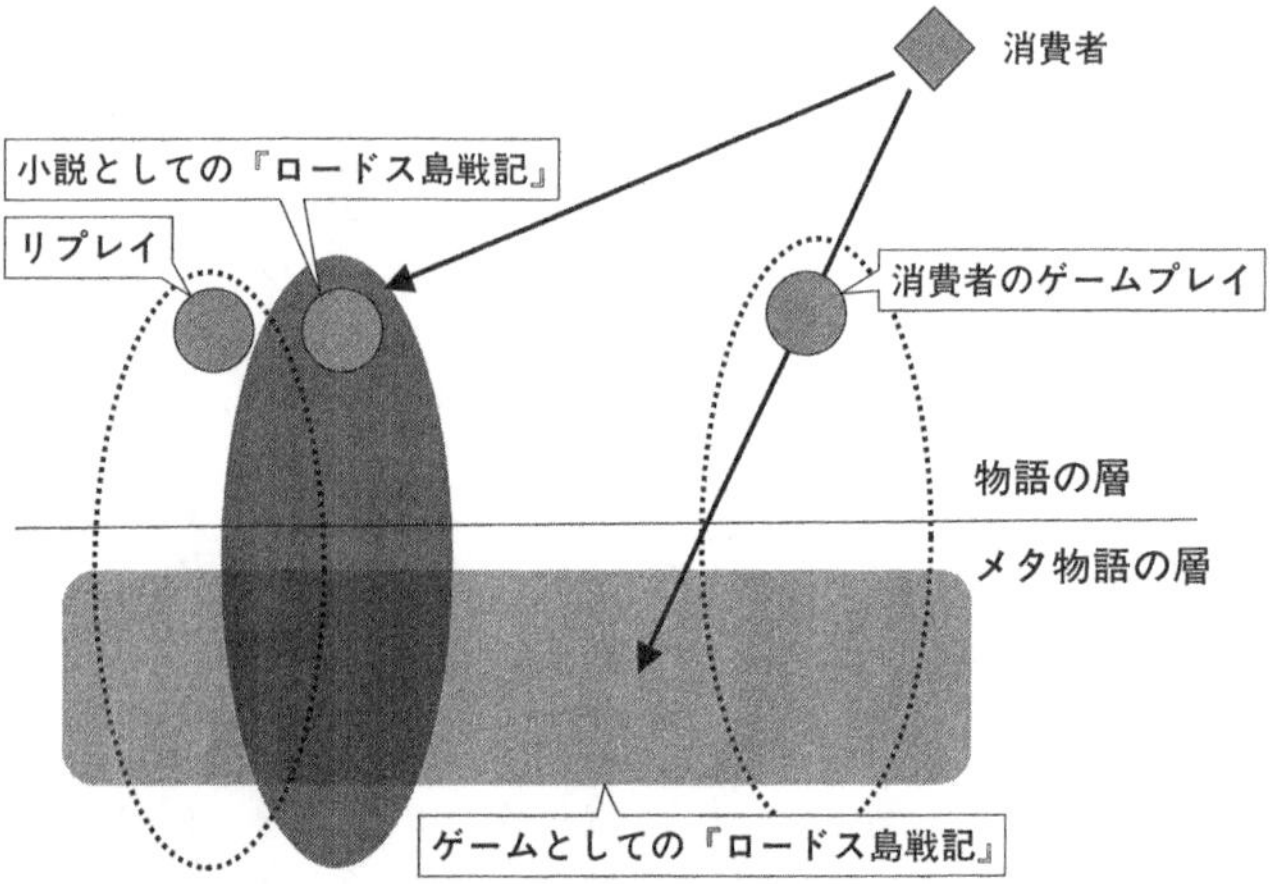

図1.4　物語とメタ物語の二重消費

された物語が出現し、大きな支持を得たことである。安田均《ひとし》の原案、水野良の執筆で、一九八八年に刊行された『ロードス島戦記』が、その象徴的な存在である。大塚もこの作品の名前を挙げている。

『ロードス島戦記』の制作手法と出版の経緯は、一般の小説とまったく異なっている。この物語はもともと、テーブルトーク・ロールプレイングゲームのプレイの記録にすぎなかった。

『ロードス島戦記』の出発点は、情報誌で連載された、ある有名なテーブルトーク・ロールプレイングゲームのプレイ風景の実況記事にある。この記事は「グループSNE」と呼ばれる創作者集団によって作成され、『ロードス島戦記』の原案の安田はその代表、作者の水野はその一員だった。この連載は好評で迎えられたが、プレイの基礎となったゲームは、グループSNEの著作物ではなかった。そこでグループSNEは、一方でその記事を小説化して出版し、他方では基礎となったゲームをアレンジして、「ロードス島戦記」の世界観を強調した、独自のテーブルトーク・ロールプレイングゲームを開発することにした。(41) 前者が『ロードス島戦記』であり、後者が翌一九八九年に出版された『ロードス島戦記　コンパニオン』である。

この『ロードス島戦記』の成功は、いささか抽象化して整理すれば、ひとつの物語を商品化するとともに、その物語を生みだす**メタ物語的なシステム**（世界観や規則）も同時に商品化する、という二重の戦略の出現を意味している（図1・4）。『動物化するポストモダン』の読者であれば、ここで「物語消費」や「データベース消費」の説明の図を思い起こすかもしれない（図1・5）。それは必然で、前著で参照した大塚の『物語消費論』は、

（41）このあたりの事情は実はもう少し複雑である。『ロードス島戦記　コンパニオン』よりも半年ほど前に、グループSNEは「ソード・ワールドRPG」という別のロールプレイングゲームのルールブックを発表している。ソード・ワールドRPGの地図にはロードス島と思われる地域が設定され、二つの作品は同じ世界を共有している。したがって、『ロードス島戦記』の本体はソード・ワールドRPGだと見なされることが多いようだ。しかし、ここでは、グループSNEの公式ウェブサイトの分類にしたがい、両者を別の作品と見なした。

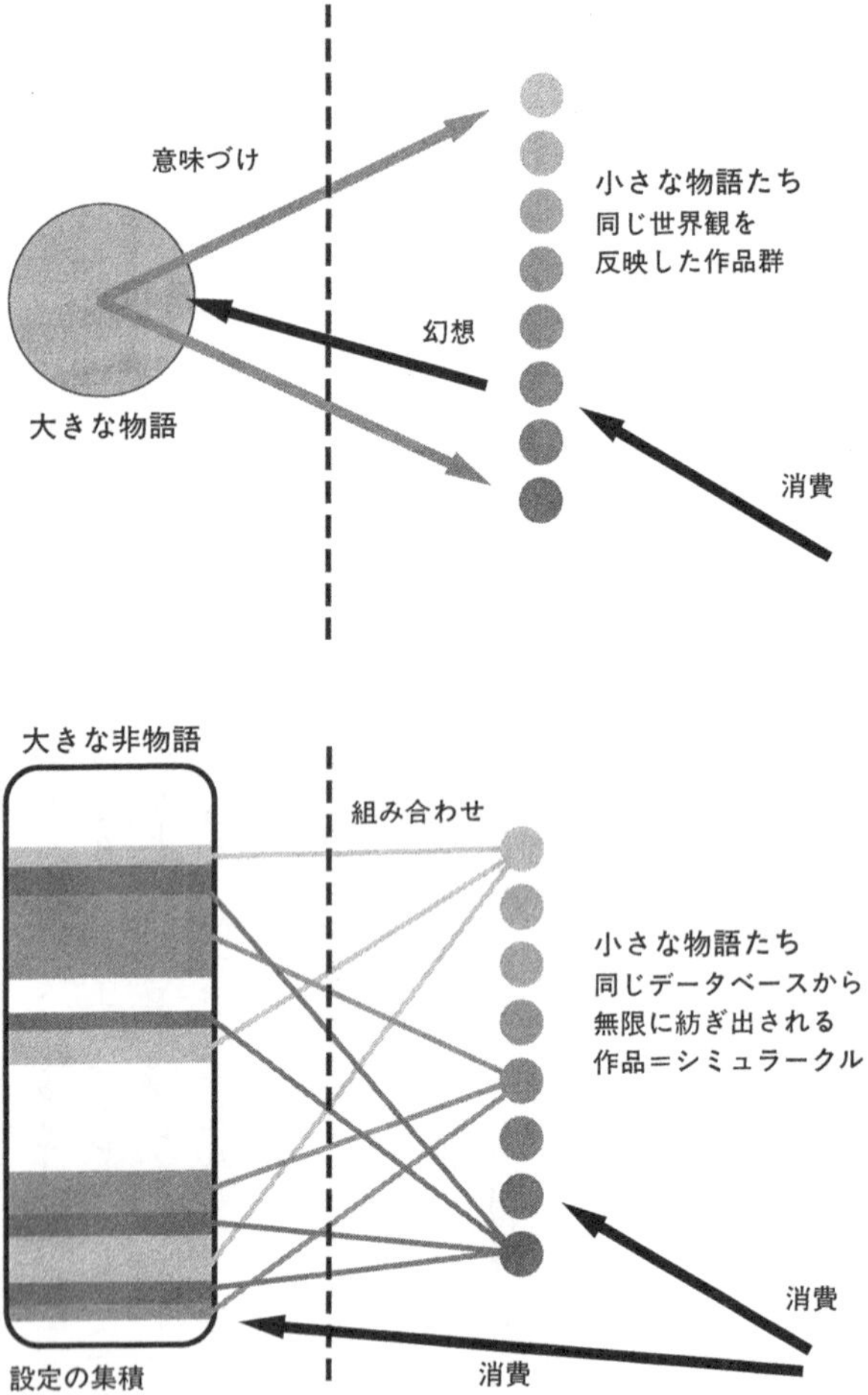

図1.5　上段が「物語消費」、下段が「データベース消費」
『動物化するポストモダン』より転載（p.79）

実はそもそも、この『ロードス島戦記』と同時期に、まさにその制作と出版を横目で見ながら書かれた論考なのである。[42] この点で『ロードス島戦記』は、ライトノベル史を離れ、より広く戦後文化史的な観点から見ても、「物語消費」の起源であり、「動物化」につながる重要な位置を占めている。

そして、このような作品の出現は、メディアミックスと結びつきながら、一九八八年以降のライトノベル、新城が言うところの「狭義のライトノベル」に、制作手法の点でも販売戦略の点でも大きな影響を与えることになった。大塚は『物語の体操』でも『キャラクター小説の作り方』でも、小説を書くためにロールプレイングゲームの発想がいかに有効か、繰り返し強調している。彼は、小説家になりたいのならばまずロールプレイングゲームの手法を学べとさえ述べている。[43]

実際に一九九〇年代には、多くのゲームマスターやゲームデザイナーが小説家としてデビューした。いままで参照してきた新城も、『ロードス島戦記』の流行と同時期に、グル

(42)『「おたく」の精神史』、二八七頁以下参照。

(43)「この「TRPGのリプレイ」という手法は小説を書く上でとても役に立つレッスンです。ぼくが以前教えていた小説の学校でカリキュラムにTRPGを入れてくれ、と盛んに主張していたのにはわけがあります。[……]小説家になりたい人で身近にTRPGをやっている人がいれば今のうちから是非参加しておくといいと思います」(『キャラクター小説の作り方』新書版、四三頁)。

ープSNEに近い場所で、郵便を介して行われるロールプレイングゲーム（プレイバイメール）のゲームマスターを務めていた人物である。

13——ゲーム

大塚の「ゲームのような小説」に対する低い評価

ロールプレイングゲームは、一九九〇年代のキャラクター小説に決定的な影響を与えている。大塚はその大きさを十分に認めている。

さて、そのうえで興味深いのは、大塚が、上記のような事実関係の認識にもかかわらず、ロールプレイングゲームの手法に基づいた小説に対して、文学的に低い評価を下していることである。彼は「ゲームのような小説」を、前述の第二の起源に由来する「アニメやまんがのような小説」から区別し、後者は現実を描こうとするが、前者にはその努力が欠けていると述べる。「「ゲームのような小説」と「アニメやまんがのような小説」は、同じようにキャラクター小説であってもやはり決定的に異なっている点があるようにぼくには思えます」。「映画やまんがやミステリーが人の死を記号的にしか描けないという限界を自覚した上で「現実」との関わりを模索しているのに対して、「ゲーム」や「ゲーム」を出発点とする「ゲームのような小説」はその努力がぼくには乏しいように思えてなりません」。[44]

ここで問われているのは、Bパートで論じていたまんが・アニメ的リアリズム特有の「矛盾」「逆説」の有無である。大塚の考えでは、「アニメやまんがのような小説」は逆説に直面し、まんが・アニメ的リアリズムを継承している（これはほとんど同語反復だが）。したがって「現実」に接しており、文学的な魅力を備えている。しかし、「ゲームのような小説」はそのような「努力」に乏しい。それは現実から離れた消費財でしかなく、文学的な魅力に欠けている。つまりは、テーブルトーク・ロールプレイングゲームの手法は、商品としての物語の生産には適しているが、文学としての物語の制作には適していないと大塚は考える。文学性の有無を現実との関係で議論している点で、大塚はここでは、いったんは彼自身が退けていたはずの自然主義的な文学観を、ふたたび招き入れているようにも

(44)『キャラクター小説の作り方』新書版、一二五頁、一四三頁。

見える。

ゲームは死を描けるか

それでは、「ゲームのような小説」は、なぜまんが・アニメ的リアリズムの矛盾を抱えこめないのだろうか。大塚自身の答えはきわめて単純である。

ふたたび確認しておくと、大塚はまんが・アニメ的リアリズムの文学的な可能性を、傷つかない記号を用いつつ「傷つく身体」「死にゆく身体」を描くことの矛盾、「記号的でしかありえない表現が現実の死をいかに描き得るかという問いかけ」にあると考えている。しかし彼の考えでは、「ゲームのような小説」は、そのモデルがゲームにあるため、この矛盾する課題を抱えこむことができない。なぜならば、ゲームとは本質的に、物語を「リセット可能なものとして」描くメディアだからである。ゲームのなかで展開される物語は、それがゲームであるかぎりいくらでも「リセット」できる。したがって、そこではキャラクターもまた、いくらでも異なった物語を生き、いくらでも異なった死を経験することができる。これは、すなわち、そのキャラクターが「傷つく身体」「死にゆく身体」を獲得できないことを意味している。(45)

この主張は、大塚のまんが・アニメ的リアリズムの議論を知らなくても、たやすく理解できるはずである。コンピュータ・ロールプレイングゲームのプレイヤーは、重要な選択肢や危険な場面の直前で「セーブ」して、プレイヤーキャラクターが「死」んだらそこに戻ってもういちど同じ場面をやりなおす、ということを日常的に行っている。あるいはまた、シューティングゲームやアクションゲームのプレイヤーは、プレイヤーキャラクターが「死」んだら、最初の画面に戻ってもういちど同じ画面で同じ敵と戦い、ステージのクリアを目指すという作業を日常的に行っている。大塚が注目するのは、このリセットの経験である。それがあるかぎり、死の描写がいくら鮮明になったとしても、ゲームにおいては決して「現実の死」は描かれていないと言える。死は、それがリセットできないがゆえに、現実の死と感じられるはずだからだ。

この主張は逆に、あまりに単純であるために、学問的なゲーム研究に詳しい読者の反発を招くかもしれない。ゲームが死を描けるかという問いは、それほど簡単に答えられるものではない。その答えは、ゲームの定義、死の定義によっていくらでも変わりうる。たとえば、パズルゲームに対して死の描写を問うのは意味がない。読者によっては、そのような疑問も抱くことだろう。

(45)『キャラクター小説の作り方』新書版、一四二頁。

そのような読者は、ここで、議論のそもそもの出発点が『ロードス島戦記』にあったことを思い起こしてほしいと思う。大塚はゲーム全体の性格を論じているわけではなく、あくまでも、その一部のテーブルトーク・ロールプレイングゲームについて、しかもその物語に与えた影響について、小説家としての立場から論じている。

たとえば大塚は、『キャラクター小説の作り方』のある章を「物語はたった一つの終わりに向かっていくわけではないことについて」と題し、大塚自身の「ゲーム的」な物語制作法を紹介している。それはロールプレイングゲームよりはボードゲームやカードゲームに似ており、彼はそのようなシステムを用いて作られた小説を広く「ゲームのような小説」と呼んでいる。「「物語が一直線でなく」あちらこちらに場面ごとに分岐する可能性を常に秘めていて、かつ「キャラクターが勝手に動き出すという要素がそこに加わることにこそ「スニーカー文庫のような小説」の本質があるとぼくは考えます」[46]。

つまり、大塚がここで問題にしているのは、複数の物語を生みだすメタ物語的なシステムとしてのゲームと、その物語制作への影響であり、それ以外の多様なゲームはとりあえずは関心の外にある。そして、このような問題意識の限定は、ゲーム研究としては不十分だとしても、『ドラゴンクエスト』や『ファイナルファンタジー』が数百万人の消費者を掴み、多数のアドベンチャーゲームが制作され、そしてその影響で小説の市場が大きく変化している日本では、独自の重要性を帯びている。したがって、筆者もまた、以下ではこの限定のうえでゲームについて考えたいと思う。

私たちはここからさき、しばしば「ゲーム」について語り、「ゲーム的リアリズム」という言葉も提案するが、それは必ずしもゲーム全体を対象とする議論や概念ではない。本書の中心はあくまでも物語と文学にあり、ゲームの存在が問われるのはそれと関係するかぎりにおいてである。コンピュータ・ゲームに詳しい読者は、ここからの議論を読むにあたって、そのことを頭に入れておいてほしい。(47)

(46)『キャラクター小説の作り方』新書版、一六六頁。

(47) とはいえ、実はそのような限定のうえで読めば、大塚の議論はむしろゲーム研究と接合できるとも考えられる。欧米のゲーム研究でもしばしば物語とゲームの関係は問題になっている。そしてそこでも、上記のようなメタ物語的な性格は指摘されている。たとえば、ゴンザロ・フラスカは、ある種のゲームの本質を「複数の可能な物語」を生みだす規則の集合に求めている（"Ludology meets narratology"）。そしてこの指摘と大塚の議論は、実は起源で繋がっている。欧米の研究者は、物語とゲームの関係を研究するにあたって、ジェラール・ジュネットやクロード・ブレモンなど、戦後フランスの構造主義が生みだした物語論（説話論）を参照している。大塚もまた、ロールプレイングゲームや彼自身の創作技法の特徴を説明するときに、まさに同じ理論を参照している。構造主義は、多様な物語や社会構造が、少数のパターンの変奏で作られていることを明らかにした。フラスカも大塚も、その同じ伝統に基づいて、ゲームのなかに、人間の物語的想像力を支える無意識の構造の反映を見ているわけだ。

14——キャラクター II

死の問題を巡る大塚の議論への疑問

さて、ゲームは、偶然によって、あるいはプレイヤーとの相互作用によって、多数の物語を紡《つむ》ぎだすことができる。そこでは物語は、「ありえたかもしれない可能性」のひとつとして提示されるだけであり、「これでしかありえなかった必然性」として提示されることはない。したがって、ゲームは死を描くことができない。「ゲームのような小説」も、同じシステムを前提にするがゆえに、死を描くことはできない。その点で、キャラクターを用いて死を描こうと苦闘している「アニメやまんがのような小説」とは大きく異なる。これが大塚の主張だった。

とはいえ、ここまでの議論を経てきた私たちには、この主張はいささか無理があるように見えるはずである。「アニメやまんがのような小説」には死が描けるが、「ゲームのような小説」には死が描けない。この主張は、前者には「たった一つの終わり」に向かう物語が語れるが、「ゲームのような小説」にはそれは語れない、という区別を前提としている。

しかし、同じようにキャラクターのデータベースに依存して書かれる両者を、そのように区別することができるだろうか。

メタ物語的な想像力の拡散

あらためて、キャラクター的想像力の特性を考えてみよう。私たちは第2節で、キャラクターの脱物語的でメタ物語的な性格に注意を促していた。オタクたちの市場では、キャラクターは、その故郷となる物語からいともたやすく離れ、派生的な物語に移り住む。これは、ライトノベルにかぎらず、オタクたちが生産し消費するあらゆる作品で観察される現象である。

第2節では記さなかったが、キャラクターの物語からの自律という現象は、物語のほうから見ると、キャラクターがメタ物語的な結節点として与えられているがゆえに、あらゆる物語に対して別の物語への想像力が半ば自動的に開かれてしまうことを意味している。オタクたちは、特定の物語を読みあるいは観ているときも、同時にそこに登場するキャラクターが別の物語に登場する光景をたやすく想像することができる。そして、その想像力は、原作では満たされなくても、二次創作や関連商品で満たされる。

そのような**メタ物語的な想像力の拡散**は、作者が止めようと思って止められるものではない。たとえば、一九九〇年代半ばのアニメ作品、『新世紀エヴァンゲリオン』は、若い世代の圧倒的な支持を受けて社会現象になるとともに、無数の二次創作を生みだした。よく知られているように、この作品の監督を務めた庵野《あんの》秀明は、TV版最終二話と劇場版第二作で、『新世紀エヴァンゲリオン』の虚構を実体化し、そのうえで戯《たわむ》れる、あるいは過剰に深読みを展開するオタクたちに対して痛烈な皮肉を浴びせかけている。また彼は、当時のインタビューでも同じ批判を繰り返している。(48) しかしその皮肉や批判は、彼が作りだしたキャラクターの魅力をまったく衰えさせていない。現実に同作品の制作母体であるガイナックスは、いまも関連商品を製作し続けている。

キャラクター小説を含むオタクたちの市場は、想像力の環境としてキャラクターのデータベースを採用しているため、原作の性格や原作者の意図とは無関係に、あらゆる物語をつねに「たった一つの終わりに向かっていくわけではない」ものとして読解し消費することができる。私たちはさきほど、ゲームの本質のひとつは、複数の物語を生みだすメタ物語的なシステムにあると述べた。その延長で考えると、そこでは市場そのものが、あるいはオタクたちのコミュニケーションそのものが、一種のゲームシステムを形成していると言うことができる。その消費行動には、原作がゲームのように作られているかどうかは、実はほとんど関係がない。

オタクたちの市場では、原作者がキャラクターのメタ物語性を抑圧し、「たった一つの終わり」を語ったとしても、消費者が勝手にそのメタ物語性を解放し、語られなかった別の物語を語りだしてしまう。一九九〇年代の庵野が苛立ったのは、まさにそのような状況に対してだったと言えるだろう。

キャラクターとはゲーム的な存在

そしてこのような状況は、現在の市場で流通するキャラクターが、「アニメやまんがのような小説」のなかで使われようと、「ゲームのような小説」のなかで使われようと、本質的にメタ物語的、すなわち**ゲーム的**な存在であることを意味している。

キャラクターという言葉には多様な意味があるので、キャラクターとは本質的にゲーム的でメタ物語的な存在である、というこの表現には戸惑う読者が多いかもしれない。たとえば、ディズニーやサンリオのキャラクターや、スポーツ選手のキャラクター、あるいは

(48)「僕がそう思ってないところまで深読みして、こうに違いないとか断定している人がいる。そうじゃないのにって僕は思ってるんですがね(笑)。どんどん作品が一人歩きしていて、その感じが嫌だったんですね。一人歩きは、まあいいですけれど、でもそれが大きくなり過ぎて、もう僕の責任の範疇を超えていくような感じだった。[……]どんどん[視聴者の]欲望だけが膨らんでいく。快感原則に則っていればしようがないのかもしれないけれど、最後は自分でもうテーブルをひっくりかえしてしまった感じ(笑)」。(『庵野秀明　スキゾ・エヴァンゲリオン』、一八頁—一九頁)。

より広く「人物」や「性格」を意味する日常的な言葉としての「キャラクター」まで含めれば、確かにその理解は破綻《はたん》してしまう。しかし、もしここで「キャラクター」という言葉を、現在のオタクたちの市場を分析するために使うのであれば、この理解には強い整合性がある。

むろん、オタクたちの市場においても、キャラクター表現はコンピュータ・ゲームやテーブルトーク・ロールプレイングゲームの普及以前に成熟している。しかし、一九七〇年代から一九八〇年代にかけ、マンガやアニメの市場へのコンピュータ・ゲームの浸透が物語とキャラクターの関係を変え（あるいは、すでに進んでいた変化がゲームという新しい形式を獲得し）、キャラクターに独特の存在感を与え始めたとは考えられる。実際、いまでこそオタクたちの作品の中心はキャラクターと見なされるようになっているが、そのような感覚の歴史はそれほど古くない。キャラクターや、そこに寄せるオタクたちの感情（萌え）が重要だと認識されるようになったのは、オタク論の文脈においてすら比較的最近のことだ。(49)

キャラクターの重要性は、『動物化するポストモダン』で主題となったオタクたちの消費行動の変化、二次創作の大衆化やメディアミックスの整備と同時に上昇している。その並行性は、キャラクターが備えるゲーム的あるいはメタ物語的な特性が、物語の相対化や複数化という点でポストモダン化の流れと合致したためだと考えると、きわめてわかりやすい。一九八〇年代以降の日本では、メタ物語的な想像力の拡大という共通する基盤のうえで、ゲーム的な制作手法の浸透がキャラクターのデータベース消費を強化するとともに、データベース消費の進行がゲームの普及を加速するという、一種のポジティブ・フィードバックが働いていたのかもしれない。

それは作家の実感にも近いようだ。新城は、文学がゲームと接触することで、「「近代文学のキャラクター＝何かを選択し決断する、内面やら人格やらを持った人物」というやつは、「ゲーム的世界観の中のキャラクター＝（任意の状況における）所作事や決め台詞の

(49)　この文章に対しては、「オタクたちによる萌えへの言及は二〇年前、三〇年前から存在した」という反論が寄せられるかもしれない。しかし、筆者はここでは別の話をしている。オタクをどう定義するか、萌えがそのなかでどれほどの位置を占めるのか、そもそも萌えの起源はどこにあるのか、といった「本質論」については、オタクたちのあいだで実にさまざまな議論がなされている。ただ、そのような議論の多様性とは別に、二〇〇〇年代の前半、オタク的な作品や現象をめぐる言説において萌えへの言及が急増したこと（流行語化したことを含め）、そして、その急増を萌えをあまり重視していないオタクも無視できなくなったことは、単純な事実である。筆者はここでは、その社会学的な事実のほうを参照している。なお、オタク論における「萌え」という言葉の急速な台頭と、それに対する戸惑いは、オタク第一世代を代表する論客、岡田斗司夫の発言に端的に表れている。「ところが、その「萌え」がわからないということを言ったら、「え？　お前はオタクなのに萌えがわからないのはなんでだ？」という話になっちゃう。これ、おかしいですよね。［……］「え？　いつのまに「萌え」という人たちがオタクの中心にいることになったの？」っていうのが、すごい違和感があって、その違和感がそのままずーっと今も続いている状態なんですね」（『オタク・イズ・デッド』、一七頁）。

束」へと再解釈されなくてはいけな」くなり、そこから現在のキャラクター表現が生まれてきたと述べている。[50]大塚もまた、『物語消費論』で、物語消費の出現をコンピュータ・ゲームの比喩で語っている。[51]

キャラクター小説はメタ物語性を必然的にもつ

キャラクター小説は、キャラクターのデータベースを環境として成立している。その環境においては、キャラクターは本質的にゲーム的あるいはメタ物語的な存在だと捉えられる。キャラクターは、キャラクターとして自律した瞬間に、別の物語の可能性を呼び寄せる。

したがって、キャラクター小説を「アニメやまんがのような小説」と「ゲームのような小説」に区別する大塚の主張は、原理的に成立しないと思われる。現在の読者の感性においては、「キャラクターが立つ」とは、そこにゲーム的＝メタ物語的な読解の可能性が開かれること、つまり「たった一つの終わり」が解体されることに等しい。「アニメやまんがのような小説」は、キャラクターを立てた瞬間に「ゲームのような小説」へと変わってしまうのだ。

逆に、この理解を前提として振り返ると、大塚のライトノベル論の弱点のほうが見えてくる。大塚は、ライトノベルが依拠する想像力の環境をまんが・アニメ的リアリズムと名づけ、文学史とマンガ史の交差点に位置づけることで、人工環境の文学について語るための道を大きく拓《ひら》いた。しかし彼は同時に、「アニメやまんがのような小説」と「ゲームのような小説」を峻別し、後者を考慮の対象から外すことで、その分析の範囲を狭めてしまったと言えないだろうか。

大塚のキャラクター小説論は、一方でキャラクターの導入によってはじめて実現される文学的な可能性（半透明性）について語りながら、他方でその別の性格（メタ物語性）は排除しようと試みるという、大きな矛盾を抱えている。テーブルトーク・ロールプレイングゲームや「ゲームのような小説」に対する言及は、彼の議論のなかでその矛盾が露呈する特異点になっている。おそらく、大塚のライトノベルに対する態度が著作や年代によって大きく揺れているのは、[52]彼自身がこの矛盾をうまく処理できていないからである。

（50）『ライトノベル「超」入門』、一三二頁。
（51）『定本　物語消費論』、一三頁以下。

(52) たとえば大塚は、本論で繰り返し参照している『キャラクター小説の作り方』に対しても、きわめて不安定な態度をとっている。彼は同書を、出版の三年後に出版社を変えて文庫版として再版し、つぎのようなあとがきを加えている。「かつて本書の旧版を記した時、今では「ライト・ノベルズ」と総称される小説にある種の可能性を見出すためにぼくはそれを「キャラクター小説」と呼んだ。「私のことをわかって」「私って特別でしょう」という「私小説」、つまり「文学」の殻から抜け出て、もう少し小説の可能性を豊かに生きられる場所にせめて「ライト・ノベルズ」には行ってもらいたい、と思い、その意味で「キャラクター小説は文学であっていい」と記したけれど、結局、彼らの一部は「文壇」や「文芸誌」の中で、かつて「文学」がたどった隘路を縮小再生産していく途を選び、まあ、それは彼らの人生だから自由だけど、ずいぶんとつまらない生き方だな、とは思う。ぼくが「文学」から関心が遠ざかったのは多分、そんなところにも理由があると思う」(『キャラクター小説の作り方』文庫版、三五六－三五七頁)。この文章は、大塚の評論家としての不安定さを端的に表している。本論でも記したとおり、二〇〇三年から二〇〇六年のあいだにライトノベルのブームが生じたことは事実であり、したがってライトノベルの権威化、メジャー化を批判する立場はありうる。しかし、ライトノベルの文芸誌への進出は数例に止まるし、そもそも「ライト・ノベルズ」という表記が誤っている。この文章はむしろ、まさにその文芸誌で積極的に連載をもち、ライトノベルの文学化を推進していた、大塚自身の自己嫌悪を表明していると理解したほうがよい。

15――「マンガのおばけ」

大塚は、キャラクター的な想像力が開く文学的可能性を指摘しながら、その中核を同時に否定していた。おそらくはこの矛盾からは、彼の世代的な立ち位置や、また彼独特の政

治的な信念に話を拡げることもできるだろう。(53)

しかし、ここでもうひとつ押さえておくべきなのは、その矛盾が、大塚のキャラクター論の中核、すなわち手塚の読解にすでに刻まれていたかもしれないことである。文学論から少し離れてしまうが、キャラクター論として重要なので少し詳しく見ておこう。

キャラクターとキャラ

マンガ評論家の伊藤剛《ごう》は、二〇〇五年の『テヅカ・イズ・デッド』で、大塚の議論を批判的に参照しつつ、つぎのような手塚の読解を提示している。

伊藤はまず、キャラクターの概念を、「キャラクター」と「キャラ」の二つに分けることを提案している。前者は、「人格を持った身体の表象」、つまりマンガに登場する人物のイメージのことである。

それに対して、後者はより抽象的な概念で、「多くの場合、比較的に簡単な線画を基本

(53) 大塚は、本論でも触れているように、政治評論からサブカルチャーまで、きわめて多面的な活動を行っている評論家である。したがって、彼のキャラクター小説への両義的な態度は、「近代」や「民主主義」に対する両義的な態度と深く関係している。議論の展開上、本書ではその点の記述は割愛せざるをえなかったが、本書の基礎となった論考では触れている。「メタリアル・フィクションの誕生」第一回、二六五頁—二六八頁。

とした図像で描かれ、固有名で名指されることによって（あるいは、それを期待させることによって）、「人格・のようなもの」としての存在感を感じさせるもの」であり、また、「テクストからの遊離可能性」を備え「複数のテクスト間においても同一性を見せる」ものとして定義されている。(54) 両者はそれぞれ（おおまかに対応させるならば）、大塚が言う「身体性」と「記号性」に対応している。「テクストからの遊離可能性」は、本論で「メタ物語性」と呼んでいるものに等しいとも考えられる。

そして伊藤は、その前提のうえで、大塚が取りあげた『勝利の日まで』の三年後、一九四八年に発表された『地底国の怪人』に注目している。この作品は、伊藤によれば、「マンガで「近代的な悲劇」を描いた最初の作品とされ、「マンガで近代的な物語を語ること」はここからはじまったとされている」ものである。そこには実は、「「キャラ」の強度を覆い隠し、その「隠蔽」を抱え込むことによって「人格を持った身体の表象」として描くという制度」の誕生が寓話化されて描かれているという。(55)

どういうことだろうか。『地底国の怪人』では、主人公の「耳男」が、あるときは人間的な身体（ウサギの着ぐるみを着た人間）として、あるときはディズニー的な記号（ウサギというキャラ）として描かれている。そして、その両義性は、手塚が、読者の主人公への感情移入を実に複雑な過程で組み立てていたことを示している。

図1.6　手塚治虫『地底国の怪人』
『テヅカ・イズ・デッド』より引用（p.134）

その過程とは、伊藤によれば、「いったんは「二本足で立って歩くウサギのキャラ」に、いくぶん具体的な身体が重ね合わせられ（ウサギのおばけ＝キャラクター的描写）、さらにそれを放棄する（マンガのおばけ＝キャラ的描写）ことで、「人間」の側に耳男の存在を引き寄せるというアクロバティックな方法」である。[56] 読者の耳男への感情移入は、まずは、耳男が、作品世界を飛び出しかねない、魅力的な図像そのものである「キャラ」として現れたことに依存している。

しかし、『地底国の怪人』が「近代的な

(54)『テヅカ・イズ・デッド』、九五頁、九七頁、一一七頁。
(55)『テヅカ・イズ・デッド』、一二二頁、一四一頁。
(56)『テヅカ・イズ・デッド』、一四〇頁。

物語」として成立するためには、その感情移入を保ちながら、同時に耳男のキャラとしての特徴（メタ物語性）を脱ぎ捨て、耳男の存在を「キャラクター」として作品世界のなかに再回収しなければならない。伊藤は、『地底国の怪人』の最後の二ページの展開から、手塚が仕掛けたその両義的な戦略を巧みに読み解いている（図1・6）。

キャラクターの両義性が含んでいたメタ物語性

伊藤の分析が『地底国の怪人』の読みとしてどれほど妥当なのか、またほかの手塚作品やマンガ表現一般にまで拡張可能な議論なのか、専門家でない筆者には判断できない。しかし、もし彼の議論が妥当なのだとすれば、大塚の弱点は手塚の読解にまで遡ることになる。

いくども繰り返しているように、大塚のキャラクター小説論の中核は、手塚が導入した（と大塚が主張する）キャラクターの「記号でも身体でもあるという両義性」にある。大塚はキャラクターの両義性を肯定し、そのメタ物語性を否定していた。ところが、伊藤はここで、まさにその両義性こそが、手塚においてすでに、メタ物語的な想像力に依存し、しかもそれを抑圧することで成立していたことを示している。

キャラクターは記号にすぎない。にもかかわらず、それが独特の身体性を帯び、文学を支える強度をもつのは、そこで「戦争」や「死」が描かれるからではなく、単純にキャラクターが「立つ」からだ。それは、キャラクターの「テクストからの遊離可能性」、すなわちメタ物語的な想像力の存在を意味している。伊藤の考えでは、手塚以降のマンガは、一方でキャラクターを「立て」ておきながら（つまりメタ物語的な想像力に依存しておきながら）、他方でそのメタ物語性を「隠蔽」することで物語を語り続けてきた。『地底国の怪人』は、その隠蔽を行った最初の作品であると同時に、隠蔽そのものを寓話化した作品でもある。「マンガのモダンとは、自身の起源を否認し、隠蔽することで成立していることとなる。あるいは、自らのリアリティの源泉に対する否認が、別のリアリティを渇望させたという見方も可能だろう」[57]。

この観点からすれば、手塚のキャラクターに記号的‐身体的両義性の起源のみを発見し、メタ物語性を排除しようとする大塚の議論は、「マンガのモダン」の「隠蔽」をみごとに反復していることになる。

大塚は、まんが・アニメ的リアリズムの基盤をキャラクターに、そしてその起源を手塚

(57)『テヅカ・イズ・デッド』、一四一頁。

の作品に求め、「死んだり傷ついたりする身体」を描くことこそが、マンガとアニメとキャラクター小説の中心的な課題だと捉えた。しかし、伊藤の分析は、キャラクターの「死んだり傷ついたりする身体」のかたわらに、死を複数化し、物語を複数化する「ゲームのような」作品の可能性が、最初から貼りついていたことを教えてくれる。「アニメやまんがのような小説」と「ゲームのような小説」の峻別は、市場がゲームとメディアミックスに侵されたいまだから成立しないという話ではなく、手塚の時点ですでに成立しないものだったのかもしれない。

16——ゲーム的リアリズム　I

キャラクター小説固有の文学的な可能性

さて、私たちはCパートの冒頭で、キャラクターの想像力が小説のかたちを取ったときに、そこに特異に現れる問題や課題とはどのようなものか、と問うていた。ここまでの議論で、第2章の作品論へと続く、その問いを考えるための道すじがあるていど開けてきたのではないかと思う。

あらためて、ここまでの議論を振り返ってみよう。現在の日本においては、多くの小説が、自然主義的な現実描写ではなく、キャラクターのデータベースを参照して生産され消費されている。

大塚はその環境をまんが・アニメ的リアリズムと名づけた。Aパートではその環境の社会学的な機能に注目し、Bパートでは、その環境の文学的な歴史に注目した。そして、キャラクター小説は、自然主義の夢を屈折して継承しているため、「半透明」の現実描写を生みだす独特のハイブリッドな文体を備えていることを明らかにした。

続くCパートでは、その環境のまた別の側面に焦点を当ててきた。キャラクターは、メタ物語的な想像力の結節点として機能する。したがって、キャラクターを基盤として書かれるライトノベルは、ひとつの始まりとひとつの終わりをもつ物語を語りながら、同時につねに、同じ物語の別のヴァージョン、別の展開、別の終わりへの想像力に憑《つ》きまとわれる。まんが・アニメ的リアリズムの「半透明性」がキャラクター小説の文体的な条件なのだとすれば、このようなメタ物語的な想像力の侵入は、その構造的な条件だと言うことができる。

したがって、私たちはここで、Bパートの終わりで行った整理に、さらにもうひとつ新しい視点を付け加えることができる。筆者はそこでは、キャラクター小説の文学的な可能性として、まんが・アニメ的リアリズムの文体のみを挙げていた。しかし、私たちはいまや、キャラクター小説のもうひとつの条件として、メタ物語的な想像力にたえず侵されている状況があることを知っている。

だとすれば、文体の半透明性がセカイ系の想像力を可能にしたように、そのメタ物語的な条件が可能にする文学的な可能性はないだろうか。言いかえれば、「死んだり傷ついたりする身体」に向かうまんが・アニメ的リアリズムとは別に、キャラクターのメタ物語性が開く、もうひとつのリアリズムの可能性を考えることができないだろうか。

メタ物語的な想像力から生まれるリアリズム

ここで、そのもうひとつのリアリズムを、かりに「**ゲーム的リアリズム**」と名づけることにしよう。それは、キャラクターのメタ物語的な想像力が、ひとつの始まりがあってひとつの終わりをもつしかない小説という形式に侵入してきたときに、その接点で生まれるはずの「リアリズム」である。

私たちは、まだそのリアリズムがどのようなものなのか知らない。しかし、かりにそのようなものがあるとすれば、いままでの議論はつぎのように整理できるだろう。

ポストモダンの日本は、文学史とマンガ史を交差させ、キャラクターのデータベースという大きな想像力の環境を作りあげた。その人工環境が紡ぐ物語、すなわちキャラクター小説は、まんが・アニメ的リアリズムとゲーム的リアリズムという、二つのリアリズムに導かれている。

まんが・アニメ的リアリズムは、**自然主義の屈折した歴史**と、その屈折が生みだした**文体の半透明性**に支えられている。結果として、その表現は、「キャラクターに血を流させることの意味」をめぐる、困難で逆説的で、同時に倫理的でもある課題と対になって発達することになった。「記号的でしかありえない表現が現実の死をいかに描き得るかという問いかけは、このようにジャンルを問わず多くの作家たちがたった今、抱え込んでいるように思います」と、大塚は記す[58]。彼がまんが・アニメ的リアリズムを「リアリズム」と呼び、それが単なる商品ではなく「文学」を生みだすと言われるのは、そこに、この課題が一種の責務として（たとえ作家にとって自覚されなかったとしても、いわば文体そのものに）刻まれているからである。

(58)『キャラクター小説の作り方』新書版、一三二頁、一四二頁。

ゲーム的リアリズムは、**ポストモダンの拡散した物語消費**と、その拡散が生みだした**構造のメタ物語性**に支えられている。その表現は、まんが・アニメ的リアリズムの構成要素（キャラクター）が生みだすものでありながら、物語を複数化し、キャラクターの生を複数化し、死をリセット可能なものにしてしまうため、まんが・アニメ的リアリズムの中心的な課題、すなわち「キャラクターに血を流させることの意味」を解体してしまう。

それでは、このゲーム的リアリズムは、そのかわりにいったいどのような文学的な課題を、すなわちどのような困難や逆説への接近の責務を抱えているのだろうか。というよりも、そもそもゲーム的リアリズムとは、いったいどのような作品を生みだすものなのだろうか。

筆者はこれらの問いには、もはや過去の評論を参照し引用するのではなく、作品の分析を通して答えたいと思う。その試みが第2章の作品論である。

17――コミュニケーション

ところで筆者は、Cパートの冒頭で、ここではメディア論的な観点を付け加えると述べていた。そこで、小説とゲームの関係についてのここまでの考察を、あらためて「メディア」という言葉を軸に整理しなおしてみよう。そのような抽象化を行うことで、ゲーム的リアリズムの議論は、より大きな拡がりをもってくる。

「コンテンツ志向メディア」と「コミュニケーション志向メディア」

ここで導入しておきたいのが、「**コンテンツ志向メディア**」と「**コミュニケーション志向メディア**」という大きな分割の発想である。

この二つは筆者の造語である。「コンテンツ志向メディア」は、能動的な送信者（作者や企業）と受動的な受信者（読者や視聴者）の非対称性で特徴づけられる、一方向的なメディアを指している。前世紀から存在するほとんどのマスメディア、出版、ラジオ、テレビ、映画、ＣＤなどが、この分類に属する。このタイプのメディアでは、コンテンツは送信者の側で作りあげられ、読者や視聴者はそこに介入できない。したがって、このメディアは、ひとつの始まりがあってひとつの終わりがある、単一の時間的継起をもったコンテンツの配信に適している。物語はその典型である。

他方で、「コミュニケーション志向メディア」は、送信者と受信者のあいだに非対称性がない、いわゆる双方向的なメディアを指している。ゲーム（コンピュータ・ゲームと限らない）とインターネットが例として挙げられる。このメディアにおいては、コンテンツは送信者の側で作られるだけではない。受信者、すなわちゲームユーザーやネットワーカーも、コンテンツに干渉できる。このタイプのメディアは、つねにコンテンツの変更の可能性を残してしまうため、ひとつの始まりがあってひとつの終わりがある、単一の時間的継起をもったコンテンツの配信に適さない。すなわち、物語の配信に適さない。

ユーザーとシステムのコミュニケーション

ゲームやネットトは、物語の伝達に適さないかわりに、コミュニケーションの拡張に適している。

ゲームの特徴について参考になるのは、メディア・プロデューサーの桝山寛《ますやまひろし》の議論である。彼は二〇〇一年の『テレビゲーム文化論』において、コンピュータ・ゲームの本質を、コンピュータがプレイヤーの「相手をしてくれる」こと、すなわちユーザーとシステムのコミュニケーションに求めている。(59)桝山によれば、ゲームの魅力において、コンテンツ（物語や世界観）の役割は実は相対的に小さい。彼は、その象徴的な例を、一九九九年に発売され、社会現象になったペットロボットに見ている。ペットロボットはなにもコンテンツを伝えないが、「遊び相手」になることでユーザーに喜びを与えてくれる。桝山はこの喜びこそがゲームの本質だと主張し、コミュニケーション・ロボットにゲームの未来を見た。

同型の指摘はネットに対しても行われている。たとえば、社会学者の北田暁大《あきひろ》は、二〇〇五年の『嗤う日本の「ナショナリズム」』やそのほかの著作で、ネットにおいては、コミュニケーションの内容より、むしろコミュニケーションの事実そのものが大きな役割を果たすと分析している。(60)

北田によれば、その特徴がもっとも強く現れたのが、二〇〇〇年代に隆盛を迎えた匿名掲示板「2ちゃんねる」である。よく知られるように、2ちゃんねるでは多くのユーザー

(59)『テレビゲーム文化論』、八六頁以下。
(60)『嗤う日本の「ナショナリズム」』二〇五頁以下、および二〇〇五年三月に行われた講演「ディスクルス（倫理）の構造転換」を参照。

が、情報を交換するのではなく、だれかと繋がりたいがために、すなわちコミュニケーションそのもののために投稿を繰り返している。北田はそれを「《繋がり》の社会性」と呼び、従来の社会性と区別している。北田自身は触れていないが、二〇〇〇年代半ばのSNSの成功は、「《繋がり》の社会性」の強さをあらためて証明した事例と言えるだろう。ペットロボットのユーザーと同じく、2ちゃんねるやSNSを前にしたユーザーは、自分の行為（書きこみ）に対してだれかが反応を返してくれる、その喜びだけで十分に満足してしまう。

出版やテレビは、送信者側に伝えるべきコンテンツがなくては、メディアとして成立しない。しかし、ゲームやネットは、送信者側に伝えるべきコンテンツがなくても、コミュニケーションのプラットフォームさえ整備すれば、メディアとして大きく成長することができるのだ。[61]

コミュニケーション志向メディアの生みだす物語

ところでここで興味深いのは、コミュニケーション志向メディアは、それそのものは物語の伝達に適さないにもかかわらず、コミュニケーションの副産物として実に多くの物語を生みだすことである。前述のように、「ゲームのような小説」の台頭は、テーブルトーク・ロールプレイングゲームのシステムが、無数の物語を、しかも効率よく生みだすからこそ可能になった。

ネットも同じように多くの物語を生みだしている。現在の読者にとってもっともわかりやすい例は、二〇〇四年に出版され、ベストセラーとなった『電車男』だろう。よく知られるように、この小説は特定の作家をもたない。『電車男』の「コンテンツ」は、二〇〇四年の三月から五月まで、2ちゃんねるのあるスレッドに集まった書きこみの集積でしかない。『電車男』という「物語」は、匿名のコミュニケーションの副産物として、たまたま生み落とされたものである。

(61) ゲームというパッケージとネットという「場」を並べて捉えることに、違和感を覚える読者がいるかもしれない。むろん、両者には大きな差異がある。その最大の差異は、ゲームのシステムには作者がいるが、ネットのコミュニケーションには作者がいないことである。しかし共通点も大きい。その近さは、たとえば、ネット上のサーバーに無数のプレイヤーが同時にアクセスし、共同でゲームを楽しむMMORPG（多人数参加型オンライン・ロールプレイングゲーム）を想像するとわかりやすいだろう。MMORPGのプレイでは、プレイヤーは、ほかのプレイヤーが動かすキャラクターとコンピュータが操作するキャラクターが混在するなかで、自由に行動することができる。プレイヤーは、制作者が用意したシナリオに応じてゲーム世界を探索してもよいし、たまたま知り合ったユーザーとの会話に興じてもいい。プレイヤーの経験は、システムとのインタラクションと、ほかの参加者とのコミュニケーションの双方から引き出される。言いかえればそこでは、ゲームのインタラクティビティとネットのコミュニケーションは、プレイヤー／ユーザーの選択に応じて異なった物語を返してくれるメタ物語的な環境として、連続的に経験されている。ゲームのシステムとネットのコミュニケーションは、プレイヤー／ユーザーに物語への介入可能性を与える、つまりメタ物語的想像力を開くという点において、同じ機能を備えていると言えるだろう。

コンテンツ志向メディアは、ひとつのパッケージをひとつの物語で占有し、それを受容者に伝達する。コミュニケーション志向メディアは、ひとつのパッケージあるいはプラットフォームのうえで、まずコミュニケーションを組織し、その副産物として複数の物語を生み落とす。前者では、物語がメディアの内容（コンテンツ）そのものであるのに対して、後者では、物語はメディアの内容（コミュニケーション）の効果として生みだされるにすぎない。いま、私たちを取りまく物語は、このような二つの異質な過程を通して生みだされているように思う。

私たちはこの状況を、前掲の「想像力の二環境化」に倣い、「**メディアの二環境化**」と呼ぶこともできるだろう。キャラクター小説を生みだした想像力の二環境化の背後には、もうひとつ、物語のありかたそのものを大きく変えてしまう、メディアの二環境化が存在しているわけだ。

そして、このような視野のもとで整理すると、さきほどまで議論していた小説とゲーム、物語とメタ物語の緊張関係が、決してキャラクター小説に固有の問題ではなく、より広く、メディア一般の問題に繋がるものであることが明らかになる。まんが・アニメ的リアリズムとゲーム的リアリズムの並列も、また少し異なった観点から整理することができる。

まんが・アニメ的リアリズムは、想像力の二つの環境の接触、すなわち「自然主義の夢」の往復運動が、その境界で生みだした制作技法だと言える。それに対して、ゲーム的リアリズムは、ゲームあるいはネット、もしくはポストモダンの消費社会というメディアの新しい環境（コミュニケーション志向メディア）が、出版という古い環境（コンテンツ志向メディア）に侵入し、その境界で生みだされつつある制作技法だと考えられないだろうか。

たとえば、前掲の『ロードス島戦記』は、コミュニケーション志向メディア（ゲーム）のうえで交わされた会話の一部を切りだし、小説として加工し、コンテンツ志向メディアの論理で商品化した作品だと言える。同じように『電車男』も、コミュニケーション志向メディア（2ちゃんねる）のうえで交わされた投稿の一部を切りだし、修正を加え、コンテンツ志向メディアの論理で商品化した作品だと言える。[62] 一九八〇年代末のオタクたちの市場における「ゲームのような小説」の出現は、二〇〇〇年代において顕在化する、メディア一般の構造変化を先駆的に捉えていた。ゲーム的リアリズムの問題は、この点におい

(62)『電車男』は、文字どおりコミュニケーションの一部がコンテンツとして抽出され成立した作品だが、内容面でも「ゲーム的」だと言える。筆者は第2章で美少女ゲームに触れるが、主人公の質問とそれに対する匿名のネットワーカーの返信の往復で進んでいく『電車男』の物語は、あたかも、ある架空の美少女ゲームのプレイヤーが、ゲームプレイで行き詰まるたびにネットワーカーに相談し、つぎの行動を決めてまたその結果を報告する、というサイクルで進められたリプレイ小説のように読める。『電車男』の終わりに訪れた「感動」とは、助言を与えた友人の幸せを祝う気持ちというよりも、むしろ難解なロールプレイングゲームあるいはアドベンチャーゲームをついに「クリアー」した喜びに近かったのではないか。

て、キャラクター論の文脈とはまた別の一般性を備えているはずだ。

二〇〇〇年代半ばの日本では、物語的想像力は、自然主義的な基礎を失っただけではなく、キャラクターのデータベースの隆盛とコミュニケーション志向メディアの台頭という二つの環境の変化によって、たえずメタ物語的想像力に侵され、脅かされている。第2章では、その緊張関係をつねに念頭に置きながら、作品を読解していくこととしよう。

情報環境の変化と新しい物語

二つの環境の変化は、たがいに独立しているが、ポストモダン化の帰結という点では共通している。近代社会は、大きな物語の大規模で画一的な伝達を必要とする。コンテンツ志向メディア、すなわち出版やラジオやテレビは、まさにその要請に応えて成長したメディアだと言える。しかしポストモダンは、近代とは異なる原理で組織化されている。そこでは、ひとつの大きな物語の伝達ではなく、むしろ多様な小さな物語の共存が必要とされる。したがって、メディアにも異なる役割が期待される。コミュニケーション志向メディア、とりわけインターネットは、まさにその要請に応えて出現し、成長してきたメディアだと考えることができる。

この二つの環境の変化は、ポストモダン化にさらに別の要因が加わって生じている点でも共通している。キャラクターのデータベースは、ポストモダン化と日本特有の文学史的条件の接触を背景として、大きく成長した。同じようにコミュニケーション志向メディアは、ポストモダン化の要請に加え、一九九〇年代以降に現れた新しい情報環境を基盤として、いま急速に成長しつつある。

情報技術の問題は本書の主題を離れている。したがってここでは触れるに止めるが、技術の進化と社会の変容、さらにメディアの変容は、文学や物語の未来を考えるうえでも決定的に重要な要素である。

たとえば、二〇〇六年の初頭に出版され、たちまちベストセラーとなった『ウェブ進化論』は、検索エンジンがすべてのメディアを呑みこみ、マスコミの位階秩序が壊れ、あらゆる消費者が情報の発信者になる「総表現社会」の到来を、きわめて魅力的に描きだしている。[63] ITコンサルタントである著者が夢見ているのは、本論の言葉で表現すれば、いわばコミュニケーション志向メディアの王国である。そこでは、読書や視聴のような一方向的な受容は少数になり、多くのコンテンツは、ユーザーとネットワークの相互調整によって動的に生成されることになる。コンテンツ志向メディアは解体され、ユーザーとデータ

(63)『ウェブ進化論』、第四章参照。

ベースのインタラクションだけが残る。そのような環境の到来は、私たちがいままで慣れ親しんできた物語のありかたを、根底から覆《くつがえ》してしまうだろう。

ポストモダン化の進行と情報技術の進化に支えられ、私たちはいま、ひとつのパッケージでひとつの物語を受容するよりも、ひとつのプラットフォームのうえでできるだけ多くのコミュニケーションを交換し、副産物としての多様な物語を動的に消費するほうを好む、そういう環境のなかに生き始めている。言いかえれば、物語よりもメタ物語を、物語よりもコミュニケーションを欲望する世界に生き始めている。

続く作品論で語られるのは、そのような世界のなか、たえず物語がゲーム的でネット的でメタ物語的なコミュニケーションによって解体される状況において、それでも物語を語る、、、とすれば、その根拠と方法はいかなるものになるのか、その答えに近づくための事例研究の試みでもある。

第2章　作品論

A　キャラクター小説

1――環境分析

小説が読まれる環境の激変

本書はここまでキャラクター小説について考えてきた。マンガやアニメが文学を侵食しているという指摘そのものは、決して新しいものではない。それは一九八〇年代から言われており、多くの書き手が意見を発表している。

しかし、本書の立場は、既存の評論といささか異なっている。サブカルチャーによる文学の変容に注目するいままでの論者は、大塚英志を除き、マンガやアニメが物語や文体に与える変化、すなわち小説の内容に与える変化にのみ注目してきたように思う。しかし、私たちは、なによりもまず、その想像力の拡がりが、内容の変化以前に消費者意識や市場構造の大きな変化を伴っていること、つまり、小説が読まれる環境そのものの変化を伴っていることに注目する。その変化の中核にあるのが、『動物化するポストモダン』で「物語からデータベースへ」と要約した社会的変動、つまり「ポストモダン化」なのである。いくども繰り返しているように、私たちは、ポストモダン化が進行している時代に生きている。そのために、私たちの物語的想像力は、近代とポストモダン、物語とデータベースの二つの異なった論理に支えられた、二つの異なった環境に引き裂かれている。前者が自然主義的リアリズムの環境であり、後者がまんが・アニメ的リアリズムの環境である。純文学とライトノベルは、同じ日本語で書かれ、同じ日本の市場で流通しながらも、異なった環境のなかで読まれ、消費されている。

そのような環境の差異がある以上、一方に純文学を、他方にライトノベルを置いて、両者の物語や文体を直接に比較してもほとんど意味がない。多くの文芸評論家が、台頭するキャラクター小説に対し、暴力表現が多い、人物造形が平板だといった類型的な非難を寄せるか、あるいは無視するしかできないのは、彼らがこの環境の差異に関心を払っていないからである。キャラクター小説を扱う本書の議論を読み、もし読者がこれは「文学」の話ではないと感じるのならば、そこで考えをやめるのではなく、むしろそう自分に感じさせているものはなんなのか、と問うてほしい。筆者はここまで、そのためのヒントをいくつも差しだしてきたはずである。

環境分析的な読解

とはいえ、読者のなかには、直接のキャラクター小説論というよりも、むしろキャラクター小説論論の性格が強かった第1章の議論の歩みに、いささか辟易《へきえき》しているひともいるかもしれない。

そこで、ここからさきは作品を読み解いていくことにしよう。第2章では、第1章で提示した概念、「ゲーム的リアリズム」を軸として、一篇の小説と二作のゲームを解読していくことになる。

そしてまた、筆者はここで、その作品分析と並行して、新しい作品読解の方法を示したいと考えている。文芸評論の主流は自然主義的な読解である。自然主義的な読解は、物語と現実を対応させる。いささか戯画化して言えば、小説に暴力が描かれれば少年犯罪の時代を、セックスが描かれればセクシュアリティの揺らぎを、ネットやゲームが登場すれば社会の仮想現実化を読み取る、それが自然主義的な読解の典型である。このような読解が成立するのは、文学と現実の関係が「透明」だと信じられていたからだ。しかし、繰り返し述べているように、キャラクター小説が書かれ、読まれる環境では、その前提そのものが崩壊している。

そこで要請されるのが、自然主義的な素朴な読解と異なり、物語と現実のあいだに環境の効果を挟みこんで作品を読解するような、いささか複雑な方法である。筆者はこの章では、それを「**環境分析**」的な読解と呼びたいと考えている。

自然主義的な読解は、作家がある主題を表現するためにある物語を制作し、そしてその効果は作品内で完結していると考える。しかし、環境分析的な読解は、作家がその物語に意図的にこめた主題とは別の水準で、物語がある環境に置かれ、あるかたちで流通するというその作品外的な事実そのものが、別の主題を作品に呼びこんでくると考える。そして、そのような複合的な視点の導入によって、自然主義的には単なるファンタジーで、荒唐無稽な幻想にすぎないキャラクター小説のなかに、まったく別のメッセージを読み取ることが可能になる、というのが筆者の考えだ。

どういうことだろうか。それを説明するためには、実際に作品論を展開するのがもっとも早い。さっそく作品の分析に移ることとしよう。

2――『All You Need Is Kill』

ループものの一作品

まず最初に取りあげたいのは、桜坂洋の二〇〇四年の小説、『All You Need Is Kill』(以下『All You』)である。

桜坂は一九七〇年生まれの小説家であり、二〇〇三年に『よくわかる現代魔法』でデビューした。デビュー作は、魔術をコンピュータ・プログラムの隠喩で読み替えた世界観のもと、現代日本を舞台に魔法少女が活躍するコメディタッチのファンタジーである。この作品は、シリーズ化され、二〇〇七年現在で計五冊が出版されている。『All You』はそのシリーズが三冊出版されたあと、桜坂の四作目として出版された小説である。前三作とは対照的に、この小説は沈鬱な雰囲気のミリタリーSFとして記されている。

小説の舞台となるのは、異星人が作りあげた機械、「ギタイ」の侵略を受けている近未来の地球である。その世界では、ギタイに対抗するために人類によって「統合防疫軍」が設立され、日本にも前線基地が存在する。主人公「キリヤ・ケイジ」は、統合防疫軍に配属された「訓練校を出たばかりの初年兵」だ。

『All You』は、大きく分類すればタイムスリップSFである。小説はギタイとの戦闘で始まる。そして、二〇ページと経たぬうちにキリヤは死んでしまう。ところがつぎの瞬間、キリヤはその戦闘の三〇時間前、前日の宿舎で目を覚ます。

当初、キリヤは戦闘の記憶を夢として片付けるが、翌日にはキリヤは、冒頭での描写とまったく同じ戦闘を迎え、ふたたび戦死することになる。そしてまた、三〇時間前にタイムスリップしてしまう（正確に言えばその時間跳躍はタイムスリップではなく、またそれこそがこの小説の設定の面白みでもあるのだが、ここでは記述を簡単にするためそう表現しておく）。このタイムスリップはいくども繰り返される。そのなかでキリヤは、あるときは自殺を図り、あるときは基地からの逃亡を図る。しかし、そのいずれにおいても、キリヤは同じ前日の宿舎に連れ戻される。そのような試みを繰り返すなかで、キリヤは徐々に、タイムスリップの原因がギタイとの戦闘にあり、そこで勝利を得なければこの反復からは脱出できないと悟ることになる。キリヤがその状況をいかに脱出するか、それが小説を貫くモチーフだ。

このアクロバティックな設定は、それそのものとしてはとくに注目すべきものではない。SFやライトノベルに詳しい読者であればわかるように、反復する時間、そしてそこからの脱出というモチーフは、オタクたちの作品では頻繁に見られる。たとえば、押井守《おしいまもる》の一九八四年の映画、『うる星やつら2　ビューティフル・ドリーマー』はその先駆的な作品である。『うる星2』は、学園祭前日が永遠に繰り返され、高校の周囲だけが存在する特殊な時空間を設定し、高校生たちがその閉域から脱出しようとする物語を描いている。

この「閉鎖空間からの脱出」のモチーフは、二〇〇〇年代に入ると、第1章で言及したセカイ系の想像力と結びつき、オタクたちのさまざまなジャンル、とりわけライトノベルや後述の美少女ゲームにおいて集中的に展開されることになる。ライトノベルでは前掲の『涼宮ハルヒの憂鬱』にそのモチーフが見られるし、美少女ゲームでは（ここでは名前を挙げるに止めておくが）田中ロミオのシナリオによる二〇〇三年の『ＣＲＯＳＳ†ＣＨＡＮＮＥＬ』（Ｆｌｙｉｎｇ　Ｓｈｉｎｅ）が代表的な作品である。[1] 閉鎖空間に閉じこめられ、宙づりの時間を生きる主人公という造形は、成長を拒み、幼児性に固執する（少なくともそう見られている）オタクたちにとって、とりわけ感情移入をしやすいものなのかもしれない。『Ａｌｌ　Ｙｏｕ』もまた、そのかぎりでは、二〇〇〇年代のオタク系作品を特徴づける「ループもの」のひとつとして理解することができる。

『Ａｌｌ　Ｙｏｕ』の二つの特徴

しかし、第1章の議論を踏まえると、この小説に対してまた異なった読解の可能性が開けてくる。その可能性を見るために、『All You』の世界の二つの特徴に注目してみよう。

まず注目したいのは、ループする身体と戦闘能力が分離できるという前提である。ループから脱出するためにはギタイに勝たねばならない。勝利のためには、まず個人として高い戦闘能力が必要である。そこでキリヤは、小説の途中から、各ループの初日を厳しい訓練に費やすようになる。「基地から逃げようなどという気を起こさぬかぎり、ぼくは訓練と実戦を一日おきに繰り返す。実戦が訓練に勝るというのならかえって好都合だ。いくらでも斬りおぼえることができる。五百年前の剣豪が十年かかって得た実戦をたった一日に凝縮することができる」、と彼は自分に言い聞かせる。[2] 一五〇回以上のループを経たキリヤは、外見こそ初年兵だが、中身はベテランに生まれ変わっていた、と桜坂は記している。

しかし、これはいささか奇妙な話である。というのも、さきほどの要約でも明らかなよ

(1) 本論では触れられなかったが、この『CROSS†CHANNEL』は、後述するゲーム的リアリズム／メタ美少女ゲームの構造と、第1章で触れたセカイ系の想像力が巧みに融合されて作られた、二〇〇〇年代のオタク的想像力のひとつの典型とでも言うべき重要な作品である。詳しくは『美少女ゲームの臨界点＋1』所収の筆者によるレビューを参照されたい。シナリオの田中ロミオは、二〇〇五年にも、同じ方向で『最果てのイマ』（Xuse）という注目すべき作品を発表している。なお、市場の慣習に則り、本論では以下、狭義の美少女ゲームについては初出時にメーカーあるいはブランド名を括弧内に入れて示している。

(2)『All You Need Is Kill』、八九頁—九〇頁。

うに、この小説では過去に戻るのはキリヤの意識だけのはずだからである。身体は過去に戻らない。だからこそ、キリヤは死から復活することができる。だとすれば、ループのあいだにいくら身体を鍛えても、タイムスリップのたびにすべて無効化されると考えるのが論理的である。

この矛盾は、ここで暗黙のうちに、必ずしも物語から導き出せない別種の設定が導入されていることを意味している。『All You』は、身体の状態を変えないまま戦闘能力だけを高めることができる世界を前提として書かれている。そして、読者がもしこの小説を読んで違和感を覚えないのだとすれば、読者もその世界を受け入れていることになる。

もうひとつ注意したいのは、ループの経験者に与えられた孤独である。桜坂はこの小説で、キリヤのほかにループの経験者をもうひとり登場させている。彼女は「リタ・ヴラタスキ」といい、統合防疫軍随一の天才兵士として知られている。

彼女はループの初日に基地に現れるが、キリヤにとってはそれはひとりの兵士との出会いでしかない。しかし彼は、一五八回目の戦場において、リタに「おまえ、いま……何周めなんだ?」と話しかけられ[3]、彼女もまた自分と同じようにループする二日間を経験し、同じように能力を高めてきたことに気がつく。キリヤは、一五九回目のループで、今度は彼のほうから初日にその事実を告げ、二人の交流が始まる。

この出会いはキリヤにとって大きな意味をもっている。キリヤとリタは孤独に苛《さいな》まれている。なぜなら、彼らには、ほかの人々に見えないものが見えるからである。彼らは友人が死んでも悲しむことができず、つぎのループに思いを馳せてしまう。「ループする世界は、人と共有する大切な時間を奪いとる」。しかし、キリヤは、リタとならばその孤独を共有できると考える。彼は恋に落ち、「はじめて見つけた同じ時を過ごせる人と離れ離れになるなんて考えられない。クソったれなこの戦争が終わるまで、ぼくとリタは、ふたり並んで敵を屠りつづけるのだ」と心に誓う(4)。

しかし、本作ではキリヤの願いが叶えられることはない。というのも、桜坂はこの作品で、ループを「意識」できるのは、ひとつのループにつきひとりだけという設定を導入しているからである。この設定を支えるSF的な細部は、本論に直接は関係しないので省略することとしよう。とりあえずここで重要なのは、この設定が、キリヤとリタをふたたび切り離してしまうことである。

彼らは確かに、同じようにループを経験し、同じように孤独を経験している。しかし彼らは、まだ「同じ時を過ご」してはいない。

(3)『All You Need Is Kill』、一三八頁。
(4)『All You Need Is Kill』、一三五頁、二〇三頁。

リタは数年前にループに囚われ、二一二回目で外に出た。しかし、キリヤはその存在を知らない。そのときはキリヤの意識は、三〇時間ごとにリセットされていたからである。同じように、いまキリヤが囚われているループについては、今度はリタがその存在を知らない。キリヤにとって一五九回目の世界も、彼女にとっては一回目の世界でしかない。実際にキリヤは、一五九回目のループと一六〇回目のループで、リタとの出会いを二度行っている。リタが一五八回目の戦場で上記のように話しかけたのは、彼女もまた同じループにいるからではなく、キリヤの戦闘方法からそのループの存在を推測したからにすぎない。キリヤとリタが本当の意味で「同じ時を過ご」すためには、彼らはループの能力をともに失わなければならない。この小説では、彼らは、能力者のままでは孤独を逃れられないことになっている。

ゲームの比喩としての物語

この二つの特徴は、桜坂の小説に、タイムトラベルSFの想像力とともに、もうひとつ別種の想像力が流れこんでいることを示している。というのも、この小説が単なるタイムトラベルSFなのであれば、キリヤは身体を伴って過去に遡ってもいいし、同じ能力者がほかに現れてもいいからである。

この指摘は、SFに親しみのない読者にはわかりにくいかもしれない。そのような読者は、たとえば、一九八〇年代に人気を博し、SFファン以外にも広く観られた映画、『バック・トゥ・ザ・フューチャー』三部作を思い起こすとよいと思う。そこでは主人公は、自分の身体とともに時間を移動し、過去や未来の自分自身に出会うし、同じようにタイムスリップを行っている人物とも遭遇していた。

しかし、桜坂が描くタイムスリップにおいては、時間の跳躍はあくまでも意識にしか、それもひとりの意識にしか生じない。したがって、自分自身に出会うこともなければ、ほかの時間跳躍者に出会うこともない。この点で、本作の設定はSFとしてはいささか特殊である。筆者はここに、自然主義的な現実（そこではそもそもタイムスリップは起こらない）でもSFの規約的な現実（そこでは身体も時間を跳躍する）でもない、別種の「現実」への想像力を見いだしたいと思う。

どういうことだろうか。ここで重要なのが、この小説で桜坂がキリヤに与えた状況が、私たちがアクションゲームやアドベンチャーゲームで経験する状況に酷似していることである。キリヤは、三〇時間の制限時間のなかで、ギタイへの勝利という目標を達成しなければならない。制限時間内に勝利を収めないと「ゲームオーバー」となり、すべてのパラメーターが初期状態に戻る。人々の記憶は失われ、死者が復活し、破壊された基地は元通りになる。キリヤが同じ二日間を何度も繰り返しているのは、キリヤがゲームの目標を「クリア」できないため、何度もリセット、リプレイを繰り返しているためだ。多少ともゲームに親しんでいる読者ならば、『Ａｌｌ　Ｙｏｕ』の物語は、このようにゲームの比喩で読むことができるだろう。

そして、この比較で興味深いのが、そこでキリヤが、ゲームのキャラクターではなく、「私たち」、すなわちゲームの**プレイヤー**と比較されていることである。これは単なる錯覚ではない。むしろ、桜坂の小説の構造が、私たちにそのような錯覚を強《し》いていると考えたほうがよい。

『Ａｌｌ　Ｙｏｕ』では、キリヤ以外がすべて一回限りの戦闘を闘っているなか、キリヤだけが、同じ戦闘を反復し、戦略を修正し、さまざまな可能性を試みている人物として描かれている。したがって、私たちは、小説世界をゲームとして捉えようとすると、半ば必然的に、キリヤを作品世界内のキャラクターではなく、むしろ作品世界に介入するプレイヤーであるかのように感じてしまう。言いかえれば、キリヤはこの小説において、作品の内部に生きる存在でありながら、同時にその外部の存在であるかのように描かれている。

私たちはここに、『Ａｌｌ　Ｙｏｕ』を支える、ＳＦの奇想とは質的に異なった想像力を見いだすことができる。筆者は前章で、ゲームのメタ物語的な性格を指摘していた。その整理を用いるならば、桜坂はここで、小説世界を物語の層とメタ物語の層に分割し、キリヤ以外の人物をすべて物語的なキャラクターとして描くなか、キリヤだけを、ゲーム的な、すなわちメタ物語的なプレイヤーとして描いていると言うことができる。そのような**二層化**を導入することで、桜坂はここで、コンピュータ・ゲームでプレイヤーが経験する物語のかたち、「リセット」「リプレイ」を繰り返すことではじめて得られるメタ物語的な経験を、小説のかたちに落としこもうと試みている。言いかえれば、コミュニケーション志向メディア特有の経験を、コンテンツ志向メディアのなかで描こうと試みている。

むろん、『Ａｌｌ　Ｙｏｕ』はタイムトラベルＳＦとしても読める。しかし、以上のような特徴に注目すると、この小説に登場するＳＦ的なガジェットは、むしろ二次的な装飾物のように見えてくるはずだ。この小説の着想の中心は、メタ物語的な経験を物語として描くというアクロバットにある。そのアクロバットのために必要とされたのが、キャラクターでありながらプレイヤーのようにふるまう両義的な主人公であり、そしてその両義性にもっともらしさを加えるために必要とされたのが、タイムスリップというＳＦ的な装置だったわけだ。

3——ゲーム的リアリズム II

ゲームの経験の小説化

『All You』の着想の中心は、メタ物語的な経験の物語化、ひらたく言えばゲームの経験の小説化にある。このように捉えると、前述の二つの特徴の必然性もたやすく理解することができる。

ループする身体と戦闘能力が分離できるという設定は、明らかに、『ストリートファイター』や『バーチャファイター』など、一九九〇年代に流行した対戦型格闘ゲームの経験を参照している。

格闘ゲームは、多くのアーケイド(ゲームセンター)に導入され、家庭用ゲーム機にも多くのタイトルが移植されていたので、知らない読者は少ないだろう。格闘ゲームは、格闘技を模したアクションゲームである。プレイヤーは、コントローラー(多くの場合はボタンとレバー)を操作して、分身となるキャラクターを操作して、ほかのプレイヤーあるいはコンピュータが操作するキャラクターと、一定時間一対一で格闘し、勝敗を決める。

ここで重要なのが、格闘ゲームでは、プレイヤーの戦闘能力がキャラクターの身体能力と基本的には関係がないことである（むろん、完全に無関係ではない）。格闘ゲームでの強さは、キャラクターに初期状態で設定された能力によってではなく、プレイヤーの操作能力、とりわけ、「必殺技」と呼ばれる特殊な行動を発動させる複雑なコマンド操作に依存している。プレイヤーの訓練は、キャラクターの身体能力をあげるためではなく、そのコマンド操作を自分の手に馴染ませるために行われる。

『All You』[5]におけるキリヤの訓練は、この格闘ゲームの経験の小説化として捉えると理解しやすい。ここでかりに、ひとりのキリヤのなかに、プレイヤーとしてのキリヤとキャラクターとしての「キリヤ」が存在するとしてみよう。ループを繰り返し、実戦を積み重ねるなかで、プレイヤーとしてのキリヤは、キャラクターとしての「キリヤ」の操作に徐々に習熟していく。その経験は、プレイヤーとしてのキリヤに蓄積されるので、キャラクターとしての「キリヤ」がいくらリセットされ、初期状態に戻っても影響を受けない。「どうせぼくの体に疲労は溜まらない。蓄積するのは繰り返しの記憶と身につけた技のみ。寝返りをうちながら、昼間おぼえた体の動きを頭の中でシミュレートし、プログラ

（5）実際に桜坂は、『All You』の翌年に、ネットワーク化された近未来の格闘ゲームを描く小説『スラムオンライン』を発表している。

ムを小脳に焼きつける」[6]。格闘ゲームの熟練者が、同じキャラクターを用いても初心者と比較にならない能力を発揮できるように、一〇〇回以上のループを経たキリヤは、最初のループとまったく同じ条件の「キリヤ」を用いても、以前とは比較にならない能力を発揮することができるわけだ。

他方、ループの経験者に与えられた孤独は、この小説を、後述の美少女ゲームに代表されるような、シナリオ分岐型アドベンチャーゲームに準《なぞら》えて理解することができる。アドベンチャーゲームには一般的に、シナリオで準備され、コンピュータによって制御され表示されるキャラクターとは別に、プレイヤーが操作し、その分身となる特別なキャラクターが存在する。そのようなキャラクターは、「プレイヤーキャラクター」あるいは「**視点キャラクター**」と呼ばれ、小説で言えば視点人物や一人称の語り手に相当する存在である。アドベンチャーゲームのプレイとは、多くの場合、その視点キャラクターの一人称で作品世界を経験し、シナリオを読み、選択肢を選び、物語を一定の方向に進める行為を意味する。

『Ａｌｌ　Ｙｏｕ』における、プレイヤーとしてのキリヤとキャラクターとしての「キリヤ」の関係、すなわち、ループを意識する人物とループごとにリセットされる人物の関係は、まさにこのプレイヤーと視点キャラクターの関係で捉えることができる。プレイヤーとしてキリヤは、「キリヤ」が死んだ瞬間に世界をリセットし、同じ戦闘をいくどでも繰り返すことができる。

そして、その見立てを拡張するならば、キリヤとリタの出会いは、いわば、同じゲームのなかで視点キャラクターとしても選択可能な別のキャラクターが(7)、キリヤのシナリオのなかに、プレイヤーが宿らない一般キャラクターとして現れてきた状況だと理解することができる。プレイヤーとしてのキリヤは、「リタ」が、別のシナリオではプレイヤーの視点キャラクターになっていたことを知っている。プレイヤーとしてのキリヤはそこに魅力

(6)『All You Need Is Kill』、二二〇頁。

(7) この説明は、コンピュータ・ゲームに親しみのない読者にはいささかわかりにくいかもしれない。具体例を挙げておこう。たとえば、アルファ・システムが開発し、メタ物語的な世界観と洗練されたゲームデザインで大きな話題を呼んだ二〇〇〇年のシミュレーションゲーム、『高機動幻想ガンパレード・マーチ』では、最初のゲームプレイではプレイヤーキャラクターとして「速水厚志」しか選べないが、二周目(いちどクリアしたあとに最初に戻って行うプレイ)では速水の友人のうち四人が新たにプレイヤーキャラクターとして選べるようになっている。その『ガンパレード・マーチ』の登場人物で喩えれば、『All You』は、要は二周目で「芝村舞」を選んだプレイヤーが、速水に出会って恋をしたような話なのだ、というのがここで筆者が言いたいことである。なお、この『ガンパレード・マーチ』は、本書で中心的に扱うノベル系のアドベンチャーゲームではないものの、ゲーム的リアリズムの展開を考えるうえでは重要な位置を占める作品である。『ガンパレード・マーチ』には、本論で読解する『All You』と『ひぐらしのなく頃に』と同じように、時間的なループ構造が登場し、後述する「感情のメタ物語的な詐術」も仕掛けられている。作品外での遊び(「GPM23」)、作品横断的な世界設定を含め、プレイヤーの感情移入の位置を操作する戦略で満ちた作品であり、詳細な分析に値する。『ガンパレード・マーチ』のメタ物語的な性格については、『アルファ・システム サーガ』が参考になる。

を覚え、「キリヤ」が彼女と恋をする選択肢を選択する。しかし、彼は同時に、そこで出会うのがキャラクターとしての「リタ」でしかなく、その背後にいるはずのプレイヤーとしてのリタには、決して出会えないことを知っている。

アドベンチャーゲームには、プレイヤーはひとりしかいない。シナリオがいくらキャラクターとのコミュニケーションを描いていたとしても、そこではプレイヤーは、決して現実の他者に、つまりほかのプレイヤーに出会うことがない。ループの経験者の孤独は、そのような経験の隠喩として読むことができる。

プレイヤー視点のリアリティ

ここで第1章の議論を思い返してみよう。私たちは「ゲーム的リアリズム」という新しい概念を提案していた。それは、キャラクター小説がキャラクター小説であるかぎりで不可避的に呼び寄せ、またコミュニケーション志向メディアの台頭が必然的に解放するメタ物語的な想像力を、決して否定せず、むしろ逆手にとるような制作手法を意味する言葉である。

第1章では、ゲーム的リアリズムの具体例は挙げられていなかった。しかし、ここまでの読解を踏まえると、『All You』はまさにその実例にふさわしい作品であるように思われる。桜坂はこの小説で、メタ物語的な想像力を中心に据え、小説とゲームの方法論を交差させている。そこで追求されているのは、透明な文体に支えられた自然主義的な現実でも、半透明な文体が浮かび上がらせるまんが・アニメ的な現実（記号的身体という逆説）でもなく、メタ物語的な想像力に侵されてこそ見えてくる「ゲーム的」な現実（ゲームが導入するプレイヤー視点のリアリティ）だ。

桜坂の小説をゲーム的リアリズムの例として捉えることは、ジャンル史的あるいは作家論的にも妥当だと思われる。桜坂は、前掲の谷川流とまた異なった意味で、キャラクター小説の条件に自覚的な作家である。たとえば彼は、小説の執筆にあたり、プロットやキャラクターの配置をプログラムで管理し、物語を断章の集積として記していることが知られている。それは大塚であれば、「ゲームのよう」だと批判したにちがいない制作手法である。そして実際に、その手法で作られた『よくわかる現代魔法』シリーズは、ライトノベルとして洗練された、したがってある読者には楽しめるし別の読者には平板に映る小説になっている。

したがって、『All You』は、その桜坂が、「ゲームのような」手法に全面的に依拠しつつ、逆にそれを逆手にとって、物語のなかにゲーム的＝メタ物語的な経験を呼びこもうと試みた小説だと解釈することができる。この読解は恣意的ではない。桜坂自身が、

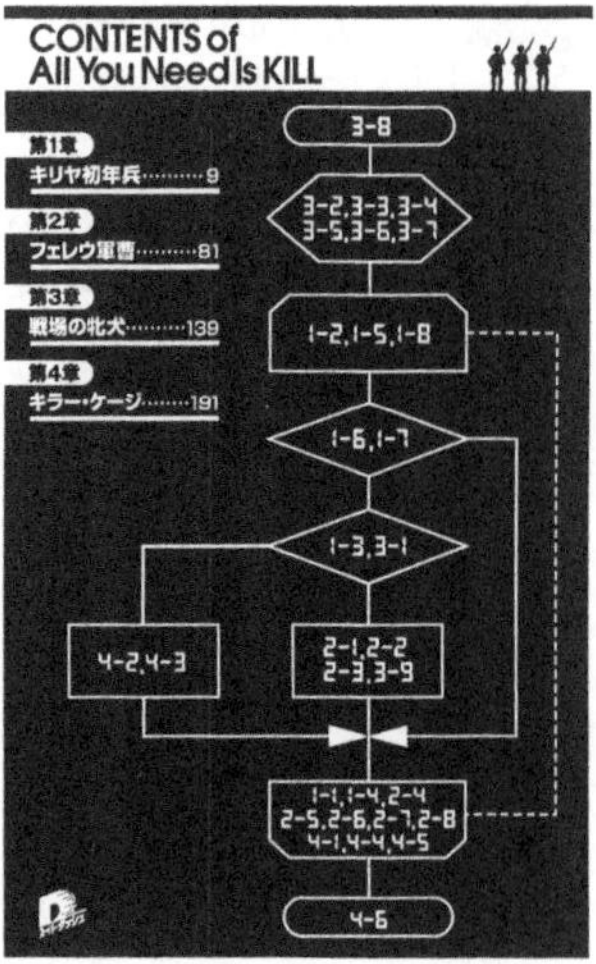

図2.1 『All You Need Is Kill』の目次（p.7）

このような実験性には自覚的だったと考えられる。その自覚はたとえば、小説の目次に挿入された、物語を情報処理のフローチャートに見立てたイラストに示されている（図2・1）。

桜坂はこの小説で、大塚が批判した「ゲームのような小説」の手法を継承しつつ、その目的を裏返してしまっている。『ロードス島戦記』と『All You』は、ともに「ゲーム的」な小説と形容できるだろうが、その意味するところは大きく異なっている。前者ではゲームの経験は、物語よりいわば上位にあり、物語制作のプラットフォームとして機能していた。しかし、後者ではゲームの経験は、むしろ物語よりも下位にあり、主題として物語のなかに引きずりこまれているのだ。

私たちは第1章で、もし、まんが・アニメ的リアリズムに「キャラクターに血を流させることの意味」の追求という課題が与えられ、逆にその追求がゲーム的リアリズムには禁じられているのだとすれば、ゲーム的リアリズムに与えられているはずの課題はどういうものになるのか、と問うていた。ここまでの議論で、その問いへの答えの方向が見えてきたのではないかと思う。

まんが・アニメ的リアリズムは、記号を用いて身体を表現するという逆説的な課題に挑んでいた。ゲーム的リアリズムは、小説を用いてゲーム的経験を、言いかえれば、コンテンツ志向メディアを用いてコミュニケーション志向メディアの経験を表現するというもうひとつの逆説的な課題に挑んでいると考えてはどうだろうか。

4——死の表現

死の二重性

以上のうえで、この小説を大塚の議論と重ねて読んでみよう。第1章で見たように、大塚はキャラクター小説をまんが・アニメ的リアリズムの小説と「ゲームのような小説」に分け、前者はキャラクターの死を描くことができるが、後者にはそれはできないと主張していた。その根拠は、後者が複数の物語展開を許容し、死をリセット可能なものに変えてしまうことにある。

この視点で読むと、『All You』のモチーフが、大塚の問題意識と深く呼応していることがわかる。というのも、この小説で桜坂は、まさに死がリセット可能なものとなった世界を舞台とし、そのうえで登場人物の死を描こうとしているからだ。この点で、『All You』はあたかも、『キャラクター小説の作り方』への小説家からの返答のように読むことができる。そして、そこで重要な役割を果たしているのが、この小説には二種類の死が現れ、それらがそれぞれキャラクターの痛みとプレイヤーの痛みに対応しているという、巧みな設定である。

どういうことだろうか。あらためて小説を読んでみよう。桜坂が描く死のひとつは、いままでも紹介してきたような「リセット可能な」死である。キリヤたちはギタイとの戦闘に勝利しないかぎり、三〇時間を繰り返し続ける。そのあいだは、自分の死を含めすべての死はリセット可能である。キリヤたちにとって、死は前日への回帰を意味するだけであり、死んだ友人もつぎのループでは生き返る。

しかし、この小説の設定は、もうひとつの死を呼び寄せている。というのも、リセット可能な死についての上記の条件は、裏返せば、もしキリヤたちがギタイに勝利し、ループから脱出するとすれば、最後のループだけが特別な性格をもつことを意味しているからである。

ギタイに勝つと、その瞬間にループは終わり、通常の時間が流れ始める。通常の時間が流れるということは、もはや時間は戻らない、すなわち死者が復活しないということを意味する。したがって、そこでは、ほかのすべての戦闘での死者と異なり、最後の戦闘の死者は決して生き返らない。最後のループでの友人の死は、最後から二番目までのループでの友人の死とは、まったく異なる意味をもっている。

そして、この死の二重性は、キリヤとリタに独特の感覚を抱かせることになる。

リタは理解した。

これが戦争というものなのだと。

戦闘が起きればかならず人は死ぬ。時のループを手に入れたリタは、これから先、ある特定の人物を助けることはできる。しかし、代わりに、誰かが死ぬだろう。死んだ人間には父親がいて母親がいて友人がいて、もしかしたら弟や妹や恋人や子供たちがいる。二百十一回めのループをもう一度やりなおすことができれば、ヘンドリクスを救うことはできるかもしれない。だけれど、他の誰かがかならず死ぬのだ。たったひとりループに巻きこまれたリタ・ヴラタスキは、誰かを見殺しにしなければ明日へと進むことができなくなってしまった。[8]

引用箇所に登場する「ヘンドリクス」は、キリヤに出会う前、別のループに囚われていたリタが、かすかな恋心を抱いていた人物である。ヘンドリクスは、リタがギタイに勝利した、まさにその最後のループで戦死した。以下は、その死を知った直後のリタを描いている。

ここで桜坂がリタに抱かせている感覚は、『All You』の主題を読解するうえできわめて重要である。ヘンドリクスの死はリセットできない。リタはそのことを嘆いている。しかしそれだけではない。彼女はここで、もし「二百十一回めのループをもう一度やりなおすことができ」、「ヘンドリクスを救うことはでき」たとしても、それは慰めにならないと感じている。つまり、ヘンドリクスが生き返ったとしても、彼女の嘆きは消えないと述べている。

この描写は、彼女がここで「理解した」のが、死の一回性ではなく、むしろその生の多様さと、それを消してしまう選択の残酷さであることを意味している。

無数のループを経験したリタは、人々の運命がいかに多様で、かつ偶然に左右されているかを知っている。ヘンドリクスは生きることも死ぬこともある。あるループでは彼が幸せになり、別のループではほかのだれかが幸せになる。にもかかわらず、彼女がループを抜け出し、「明日へと進む」とき、傍《かたわ》らにあるのはひとつの可能性でしかない。もしかりにヘンドリクスが生き残ったとしても、そこで傍らにいるのは「この」ヘンドリクスでしかなく、ありえたかもしれない無数のヘンドリクスは消えてしまう。リタの嘆きはここでは、彼の死そのものにではなく、むしろその残酷な条件に、すなわち、ヘンドリクスの生が多数的であり、彼女にはその多数性が見えているにもかかわらず、結局はそのひとつの生しか、したがってひとつの死しか選べないことに向けられている。そして、彼女にその多数性が見えたのは、彼女が、キリヤと同じように、メタ物語的なプレイヤーとして作品世界に接していたからにほかならない。

　桜坂はここで、死の一回性を相対化するメタ物語的な想像力を排除するのではなく、むしろその相対化を活かして、死の重要性を描いている。そして、そのような逆転の戦略が可能になったのは、彼がこの小説で、キャラクターのレベルとプレイヤーのレベルを区別

(8)『All You Need Is Kill』、一六八頁。

して描いたうえで、死の残酷さが感じられる場所を、すなわち読者がその痛みに感情移入する場所を、物語＝キャラクターのレベルからメタ物語＝プレイヤーのレベルへと移動させたからである。

プレイヤーに血を流させること

大塚は死は一回的であり、したがって死の描写には物語の一回性が必要だと考えた。それに対して桜坂は、死が一回的だとすれば、その一回性を感じるためにこそ、むしろ複数の物語が、つまりプレイヤーの視点が必要だと考えている。前者では読者は、一回かぎりの生を生きるしかないキャラクターの無力さに感情移入し、後者では読者は、複数の生を横断しつつも、結局はキャラクターに一回かぎりの生しか与えられないプレイヤーの無力さに感情移入している。(9)この発想の転換は、ゲーム的リアリズムの本質を表しているとともに、大塚のゲーム批判に対するすぐれた返答にもなっている。

ゲーム的リアリズムは、キャラクターのレベルとプレイヤーのレベルの二層の区別を導入し、人間や世界を描きだす。「個人が背負っている葛藤も愛情も恐怖も関係ない。誰かが死に、誰かが生き残る。すべては、確率と呼ばれる無慈悲な死神が決定する」と、桜坂はリタに述べさせている。(10)その「死神」の姿は、ひとつの死を運命として経験することしかできず、必然と偶然の区別がつかないキャラクターの世界のなかでは、決して捉えることができない。その姿は、複数の運命を横断し、死をいくらでもリセットすることができるプレイヤーの世界から見て、はじめて捉えることができる。

大塚は、まんが・アニメ的リアリズムの課題は、「キャラクターに血を流させることの意味を小説がいかに回復できるのか」にあると述べていた。それを引き継いで言えば、ゲーム的リアリズムの課題は、「キャラクターに血を流させることを通じて、プレイヤーにいかに血を流させるか」にあると言えるかもしれない。小説を用いてゲーム的経験を表現する、というゲーム的リアリズムの固有の課題は、死の表現にもこのような新しい可能性をもたらすわけだ。

(9) 私たちは、一回かぎりの生を、それが一回かぎりではなかったかもしれない、という反実仮想を挟みこむことで、はじめて一回かぎりだと認識することができる。この条件は、人間の生の根底に関わるものであり、とくにポストモダン化やオタク化によって生みだされたものではない（この点に関心のある読者は、筆者の『存在論的、郵便的』第一章を読まれたい）。しかし、その変化が生みだした環境において、古くからある普遍的な感覚が、新しい表現に生気を注ぎこむことはありうる。筆者が「ゲーム的リアリズム」という言葉で呼びたいのは、そのような過程である。

(10) 『All You Need Is Kill』、一六八頁。

5――構造的主題

環境分析による新しい読みの可能性

さて、ところで私たちは、物語と現実のあいだに対応関係を見る自然主義的読解ではなく、両者のあいだに環境を挟みこみ、その中間項によって物語の構造がどのように変化するかを検証する、「環境分析的読解」を試みていたのだった。

環境分析は、物語を単独で読むのではなく、その環境とともに捉える。そのため、ここでは『All You』も、単なる物語（タイムスリップSF）としてではなく、物語内部の虚構（タイムスリップ）と物語外部の現実（ゲーム的想像力に満ちた世界）が連続的に繋がるなか、その全体への介入が物語とメタ物語の組み合わせで表現された、複合的なテキストとして読み解かれている。物語を語るはずの小説が、現実を語る評論と並べて読まれるのは、私たちがこのような立場に立っているからである。

この立場は、小説を物語として読み、楽しむことに慣れている読者を戸惑わせるかもしれない。しかし、この立場からの読解は、必ずしもそのような「素直」な読解と衝突するものではない。

違和感を覚える読者には、ここで提案されているのは、むしろオプションだと理解してほしい。私たちは、当然のことながら、これからも素直に物語を楽しみ、その内容を分析することができる（自然主義的読解）。しかし、それとともに、私たちはこれからは、物語をその環境とともに捉え、物語内と物語外を包括的に読解の対象とするような、特殊な読みを追求することもできる（環境分析的読解）。そして、そのような新しい読みは、小説の主題に対しても新しい視点を提供してくれる。

この点は、本書の課題にとってきわめて重要である。主題（テーマ）とは一般に、物語によって伝えられるアイデアやメッセージを意味している。しかし、いくども繰り返しているように、一九九〇年代以降のキャラクター小説は、キャラクターの設計が要素化され、物語がメタ物語的な想像力のなかに半ば溶解した、ポストモダンな市場を前提として制作されている。したがって、いまやキャラクター小説の多くは、類型化された物語を類型化されたキャラクターを用いて語るほかなく（データベース消費）、その主題も類型的なものに止まっている。したがって、現在のキャラクター小説は、普通に物語を読み、普通に主題を探っているかぎりにおいては、モチーフやガジェットの特殊な進化を除けば、基本的にあまり多様な表現形式ではない。むしろ、いままでキャラクター小説を読んだことのない読者が、本書を読んでそれらを読もうとすると、そのあまりの画一性、均質性に驚くはずである。

しかし、環境分析の導入は、そこに新しい読みの可能性を開いてくれる。自然主義的に読むかぎりでは、『All You』はタイムスリップSFのひとつにすぎない。しかし、環境分析的に読めば、それは、物語の環境の現在に対してきわめて自覚的な、ゲーム的リアリズムの試みへと姿を変える。前者の読解で見えてくる主題は、死の痛みかもしれないし、日常の重要性かもしれないし、少年の成長かもしれないが、いずれにせよそれらはそれほど特異なものではない。しかし、『All You』の物語を小説の環境と照らしあわせると、それとはまた別の主題が見えてくる。

「プレイヤー」への強いメッセージ

もういちど『All You』を読んでみよう。

「勝つだなんて……このままずっと繰り返せばいいじゃないか。時は前に進まないけれど、ぼくときみはずっと一緒にいられる。いつまでだって。ひとりの人間が過ごせる一生分よりも長い時間一緒にいることだって可能だ。毎日戦争があってもぼくらならだいじょうぶだよ。何千何万のギタイが襲ってきたってかまやしない。リタ・ヴラタスキとキリヤ・ケイジがいるんだ。きっと切り抜けられる」

「同じ一日をか？　毎朝おまえは、見知らぬリタ・ヴラタスキと会うのだぞ」

「それでもかまわないよ」

深紅のジャケットは首を振った。

「選択権はない。おまえの脳が自分と同じようになる前に、このループは断ち切らねばならない。とっととクソったれなループを終わらせてくるがいい」(11)

桜坂はこの小説で、キリヤとリタが能力を抱えたまま「同じ時を過ごす」ことができないのと同じように、キリヤとリタが一緒に能力を失うこともできないように設定を作りあげている。そのメカニズムは、小説内では、ひとつのループでループを意識する人間がひとりしか存在できない理由と同じメカニズムで説明されているが、詳細は省略する。いずれにせよ、リタはその条件に気がついているが、キリヤは、戦闘が終盤に入るまでそれを知らない。

(11)『All You Need Is Kill』、二五八頁。

キリヤとリタ、どちらかが生きているかぎり、ループは終了しない。したがって、物語のクライマックスにおいて、キリヤとリタは、ギタイの中心を倒したあと、半ばリタがキリヤを強《し》いるかたちで、ループからの脱出を賭けて殺しあうことになる。キリヤは、リタを殺さなければループから脱出できない。リタもまた、キリヤを殺さなければループから脱出できない。引用箇所は、その戦闘でキリヤが勝利を収め、リタが死ぬ直前に交わされる会話である。

　ここでキリヤは、死にゆくリタに対して、もういちどループに入り、前日の世界へ戻ることを提案している。しかし、リタはその提案を退ける。なぜなら、たとえキリヤが前日に戻ったとしても、このリタ、キリヤにとっての一六〇回目のループで「どこかでなにかのフラグが立ってしまったかのように」[12]急速にキリヤとの関係を深めたリタは、決して復活しないからである。その彼女に対して「ぼくときみはずっと一緒にいられる」「それでもかまわないよ」と返すキリヤは、自分だけがプレイヤーで、目の前のリタは三〇時間ごとにリセットされるキャラクターであることを忘れている。キリヤがループに戻ろうが、逆にそれを断ちきろうが、この三〇時間、キリヤと愛しあったリタが失われることに変わりはない。

　この場面は小説の中核的な位置にあり、ここには『Ａｌｌ　Ｙｏｕ』の主題が凝縮して表現されていると考えられる。しかし、その主題は、キリヤを単なる登場人物と捉える自然主義的読解と、キリヤにメタ物語的想像力の侵入を見いだし、物語の環境に対する戦略的な反応を読む環境分析的読解とでは、まったく違ったように解釈することができる。前者では、この場面は、キャラクターの心の痛み、架空の世界で生じる架空の悲劇を描く場面にすぎない。しかし後者では、同じ場面が、プレイヤーの心の痛みを問い、その痛みを通して読者に対するメッセージを表現した、きわめて「現実的」なものに変わる。

主題の二重性

どういうことだろうか。あらためて引用箇所を見てみよう。桜坂はまずキリヤに、選択の残酷さを避け、なにも選択しないこと（ループを続けること）を選択させる。しかし、リタはそれを拒否し、むしろキリヤが彼女を殺すこと、そして時間を前に進めることを望む。桜坂はそのうえで、キリヤにあらためて脱出を、すなわち選択することを選択させる。

この展開に込められたメッセージは明らかである。目の前には複数の人生がある、ひと

(12)『All You Need Is Kill』、二一九頁。

つの物語を選べば必ずほかの物語を失う、しかしなにも選ばなくてもやはりなにかは失うことになる、したがって、選択の残酷さを引き受けたうえでひとつの物語を選べ。これが桜坂のメッセージだ。

そして、ここで興味深いのは、そのメッセージが、『All You』の世界で導入された架空の思考実験としてだけではなく、きわめて現実的な呼びかけとして読めることである。SFに親しみがない多くの読者は、ギタイと闘い、タイムスリップを繰り返すキリヤ（物語内のキリヤ）には感情移入できないかもしれない。しかし、その読者も、メタ物語的な宙づりに捕らわれたキリヤ（構造内のキリヤ）には感情移入できるはずである。なぜならば、キリヤのその状況は、作家がその読みを意図していたかどうかとは関係なく、ポストモダン化の進行のなか、選択肢の多さに圧倒され、特定の価値を選ぶことがますます難しくなっている、私たち自身の生の条件の隠喩になっているからである。

このような読みの可能性が生まれるのは、そもそも、桜坂がこの小説にゲーム的な二層構造を導入した原因、つまりメタ物語的な想像力の台頭が、前著の『動物化するポストモダン』から繰り返し述べているように、社会の大きなポストモダン化に起因するものだからである。同じひとつの変化が、一方ではアクロバティックなゲーム的リアリズムの戦略を生みだし、他方では私たちの生活様式を規定している。したがって、その結果が似た構造をもつのは当然だと言える。

キリヤの物語は、自然主義的に読むかぎりでは、死の痛みや少年の成長を軸としたファンタジーでしかない。しかしその物語は、キリヤのメタ物語的な位置の理由を考慮し、物語とその外の現実を連続的に捉える環境分析的な視線を導入すると、私たち自身の生の条件を扱った、ある意味で生々しい小説へと姿を変える。

ここで、物語そのものが担い、自然主義的読解が対象とする主題を「物語的主題」、物語が物語外の現実との関係で表現し、環境分析的読解が対象とする主題を「**構造的主題**」と名づけておくことにしよう。そのどちらに焦点を当てるかによって、ときに作品の印象は大きく変わる。

たとえば、『All You』は最後で、リタよりも未来を選んだキリヤの選択を、彼の人間的な成長、兵士としての成熟と重ねて描いている。「ぼくがいるかぎり人類は負けない。きみと約束しよう。たとえ何十年という月日がかかろうと。この戦いは、人類の勝利で終わらせる」。[13] この点に注目すれば、『All You』の主題は、戦争に対するロマン主義的な憧れやマチズモの肯定に近いと解釈できるし、実際にそのように読む読者もい

(13)『All You Need Is Kill』、二七〇頁。

るだろう。しかし、ここまで検討してきたように、この小説はまた、キリヤがメタ物語的な全能性を放棄し、喪失を受け入れる物語だと読むこともできる。その場合には、この小説の中心は、むしろマチズモの否定にあるということになる。同じ小説が、物語的主題に注目するか、構造的主題に注目するかによって、まったく異なった風貌を現してくるわけだ。この特徴は実は、桜坂の小説だけのものではない。オタクたちの市場では、前述のように、物語の類型化とキャラクターのデータベース化が進んでいる。したがって、自然主義的に読むだけでは、その表現からは、類型化した物語、類型化した主題しか読み取れないことが多い。そのため、このような読みの二重性が大きな力を発揮する。私たちはのち、Bパートの最後で、もういちどこの主題の二重性に触れることになるだろう。

B　美少女ゲーム

6——美少女ゲーム

ゲーム的リアリズムの視点で読める小説群

さて、私たちはここまでの議論で、たった一篇の小説の読解を通してではあるが、メタ物語的な想像力とはなにか、ゲーム的リアリズムとはなにか、そして環境分析的な読解とは具体的にどのようなものなのか、あるていどのイメージを捕まえることができたのではないかと思う。

桜坂は『All You』において、物語のなかにメタ物語的な存在を組みこみ、ゲームの経験を小説のなかに招き入れることで、キャラクターのデータベースの隆盛（想像力の環境の変化）とコミュニケーション志向メディアの台頭（メディアの環境の変化）に挟まれ、メタ物語的な想像力に浸されたポストモダンなオタクたちの市場に対して、きわめて戦略的な回答を差し出している。そして彼は、この小説に、選択の残酷さを前にして逡巡してはならない、メタ物語的な宙づりは放棄してひとつの物語を選ぶべきだ、という強い主題を与えている。ここには、現在の日本において、物語を語ることがいかに困難であるか、あるいは、それがたやすいがゆえにいかに無意味であるか、はっきりと自覚した作家の姿が窺える。

そして、桜坂のこの試みは決して孤立したものではない。ライトノベルとその周辺の市場には、『All You』と同じように、想像力とメディアの環境の変化に強い影響を受けているため、環境分析的な読解が有効に機能し、ゲーム的リアリズムを鍵概念として分析できる（ひらたく言えば、ここまでの文章と似たような方法で読み解ける）作品が、少なからず現れている。

たとえば、いま思いつくままに並べるならば、筆者の考えでは、上遠野浩平の『ぼくらは虚空に夜を視る』（二〇〇〇年）、谷川流の『涼宮ハルヒの憂鬱』（二〇〇三年）、元長柾木《まさき》の短篇「ワールドミーツワールド」（二〇〇四年）、海猫沢《うみねこざわ》めろんの『左巻キ式 ラストリゾート』（二〇〇四年）、辻村深月《みづき》の『冷たい校舎の時は止まる』（二〇〇四年）、桜庭一樹の『ブルースカイ』（二〇〇五年）は、それぞれかなり離れた性格をもち、全体的な影響関係がほとんど認められないにもかかわらず、同じようにゲーム的リアリズムの視点で分析可能な作品群である。アニメでは、細田守の劇場用アニメーション『時をかける少女』（二〇〇六年）が、桜坂の小説にきわめて近い構造を備えている。[14] もし時間に余裕があれば、私たちはそこから、二〇〇〇年代のゲーム的リアリズムの系譜を引き出し、オタクたちの想像力の歴史に新しい視点を加えることができるだろう。

しかし、筆者は以下では、そのような「応用」は別の機会に譲り、少しひねった角度からゲーム的リアリズムの理解と射程を深めてみたいと思う。Bパートで読解の対象としたいのは、ゲーム的リアリズムの小説そのものではなく、その分身のような別の表現形式だ。

美少女ゲームに注目する理由

どういうことだろうか。以下の議論で筆者が注目したいのは、小説ではなくゲーム、それも「美少女ゲーム」と呼ばれる特殊なゲームである。

おそらく本書の読者には、このジャンルについてなにも知らない、名前すらはじめて聞いたというひとが少なくないだろう。したがって、まずは基本的な情報から押さえていく

（14）『時をかける少女』を本書の議論に繋げる解釈については、筆者はブログの投稿でいささか詳しく記している。URL＝http://www.hirokiazuma.com/archives/000239.html

と、美少女ゲームとは、もっとも普通に定義すれば、ひとりのプレイヤーを想定した、アニメ風のイラストで描かれた女性キャラクターとの恋愛の成就《じょうじゅ》を目的とする、男性向けのアドベンチャーゲームあるいはシミュレーションゲームのことである。

美少女ゲームは、パソコン（PC）で遊ばれることもあれば、家庭用ゲーム機で遊ばれることもある。ポルノを含む場合もあれば、含まない場合もある。確立された総称はなく、分類の用途に応じて、「エロゲー」「ギャルゲー」「萌えゲー」「恋愛アドベンチャー」「アダルトゲーム」など、さまざまな名称で呼ばれている。以下の議論では便宜上、それらを「美少女ゲーム」と総称するが、その選択にもとくに強い理由があるわけではない。ちなみに、前著の『動物化するポストモダン』では同じ作品群を「ギャルゲー」と呼んでいたが、「美少女ゲーム」のほうが広い語感があり、またネットでも定着しつつあるようなので、本書ではそちらを採用している。

美少女ゲームの歴史は、一九八〇年代前半に遡り、さまざまなタイプの作品が発表されている。しかし、二〇〇〇年代半ばの現在、美少女ゲームの中心は、すぐあとで紹介するシナリオ分岐型のアドベンチャーゲームに占められている。それは本来は美少女ゲームの一部にすぎないが、ここ数年、オタクの注目を浴びる美少女ゲームはほとんどこのサブジャンルに属している。したがって、本論では、煩雑さを避けるため、「美少女ゲーム」という言葉でこのサブジャンルだけを指すことがある（とくに区別しなければならないときは、ジャンル全体を「広義の美少女ゲーム」、シナリオ分岐型のアドベンチャーゲームである美少女ゲームを「狭義の美少女ゲーム」として区別する）。筆者が注目したいのも、またこのタイプの美少女ゲームである。それは、「ノベルゲーム」「サウンドノベル」「ヴィジュアルノベル」と呼ばれることもある。

美少女ゲームの消費の中心は、それが広義であれ狭義であれ、ポルノとしての消費である。ポルノ表現を含む美少女ゲーム（いわゆるエロゲー）は、「成人向け」のパソコンゲームとして、限られた流通で販売されている。消費者の数も表面上は限られており、「コンテンツ」「アキバ」関係の話題が飽和気味に報道されているここ数年のマスコミでも、美少女ゲームそのものが語られることはあまりない。

しかし実際には、現在のオタクの市場において、美少女ゲームは、ポルノとして想像されるものよりもはるかに大きく、かつ本質的な影響力を備えている。流通の制限も強くは機能しておらず、現実には、かなりの部数が、違法にコピーされ、手渡しやP2Pファイル共有ソフトを通じて未成年の消費者にも渡っていると考えられる。また、いちどポルノとして販売された作品が、数年後にポルノ表現を削除して再発売されたり、家庭用ゲーム機に移植されることも少なくない。ここ数年のテレビアニメには美少女ゲームが原作のものが少なくないし、後述のように、そのシナリオはライトノベルにも大きな影響を与えている。

美少女ゲームの表現は、とくに狭義の美少女ゲームにおいては、「萌え」に対する強い配慮を特徴としている。「萌え」とは、『動物化するポストモダン』でも紹介したように[15]、キャラクターに向けられたオタクたちの独特の感情を意味する言葉である。この言葉は二〇〇〇年代半ばに流行語となり、そのためにいまでは本来の意味がほとんど消えている。しかし、筆者の考えでは、それはもともとは、単なる感情移入を意味するものではなく、オタク的なデザインに対するリテラシー、第1章で触れたキャラクターのデータベースと密接に結びついた特殊な感情を意味する言葉である。

萌えへの依存、すなわちキャラクターのデータベースへの依存は、二〇〇〇年代のオタク系文化全体の傾向だが、複数のヒロインを登場させ、ひとりひとりに個性と魅力を効率よく付加する必要がある美少女ゲームにおいては、その傾向がとりわけ鮮明に現れている。現在の美少女ゲームは、キャラクター小説と並んで、あるいはそれ以上に、キャラクターのデータベースに侵食された表現形式だと言うことができる[16]。

(15)『動物化するポストモダン』、六二頁以下。
(16) この領域に詳しい読者のため補足すると、筆者はここではあくまでも、本書の問題意識と関係するかぎりで美少女ゲームに言及している。そのため、ここでの美少女ゲームの紹介からは抜け落ちる部分がある。たとえば、ここでは美少女ゲームを男性のユーザーに向けられたジャンルとして特徴づけているが、実際には、その近傍に、ほとんど同じ表現形式を用いた女性向けの作品の市場がある。また、最近の動きとしては、美少女ゲームのオンライン・ロールプレイングゲーム化も注目される。仮想の学園にログインし、ほかのユーザーとのコミュニケーションを楽しみながらも、他方で(従来の美少女ゲームのように)コンピュータが制御する異性キャラクターとの恋愛イベントを追求することもできる、「学園コミュニティゲーム」は、美少女ゲームを単独プレイヤーのゲームとした上述の定義にそぐわない。いずれにせよ、ここでの筆者の意図は美少女ゲームの総論にはない。

7――小説のようなゲーム

プレイというより読書

それでは、つぎに狭義の美少女ゲームの内容に目を向けてみよう。ここですぐに気がつくのが、そのゲームプレイが読書にきわめて近く、実際に消費者層もライトノベルの読者層と大きく重なっているという事実である。

図2.2
「雫」のプレイ画面

具体的に見てみよう。図2・2は、狭義の美少女ゲームの典型的なプレイ画面である。ゲームを起動すると、コンピュータのデスクトップにこのようなウィンドウが開く（あるいは家庭用ゲーム機を繋いだモニタの画面がこう変わる）。ウィンドウの内部には、物語の担い手であるテキストが表示され、背景としてキャラクターのイラスト（「立ち絵」と呼ばれる）が、さらにその背景に風景が表示されている。一定数の文字が表示されると、プレイヤーはクリックを促され、クリックするとテキストは次のページに進む。

ウィンドウの内部の映像は、基本的に視点キャラクターの視野と一致していると見なされている。したがって、ほとんどの場合、視点キャラクターの画像は表示されない（この点はロールプレイングゲームと大きく異なる）。図では示されないが、多くの作品ではBGMが流れ、ときに衝撃音などの音響効果が入る。また作品によっては、物語の展開に応じてイベントイラスト（立ち絵と背景の組み合わせによらない独立した画像、そこでは視点キャラクターが描かれることもある）や動画が挿入され、登場人物の台詞《せりふ》に声優の声があてられることがある。

狭義の美少女ゲームのプレイヤーは、プレイ時間の大半を、銃を撃つわけでもなければ宝物を探すわけでもなく、この画面を前にしてシナリオを読んで過ごす。プレイヤーとシステムのインタラクションは、何時間かに一度出現する、いくつかの選択肢を「選ぶ」ことに限定されている。その選択肢の選択も、多くの場合、表示されたテキストのどちらかを選ぶだけのものであり、時間制限があるわけでもミニゲームと組み合わされているわけでもない。これらの構成は、狭義の美少女ゲームが生まれてから一〇年のあいだ、コンピュータの処理能力や媒体の記憶容量が飛躍的に拡大しているにもかかわらず、驚くほど変化していない（図2・3）。

このように、狭義の美少女ゲームのプレイは、コンピュータ・ゲームのプレイとしては異例に単調で受動的な経験である。それは「読む」性格を特異に強めており、プレイというよりむしろ読書に近い。多くの作品ではその時間も長大である。現在の美少女ゲームは大作化が進んでおり、なんらかの結末に到着するために一〇時間以上かかることが少なくない。なかにはシナリオ総量が原稿用紙換算で数千枚、プレイ時間が一〇〇時間という作品も存在する。それらの作品のプレイヤーは、休日をすべて潰し、あるいは休暇を取って

『雫』、Leaf、1996

『未来にキスを』、otherwise、2001

『最果てのイマ』、Xuse、2005

図2.3　美少女ゲーム画面の10年間

幾晩も徹夜で画面に貼り付き、ひたすらシナリオを「読み」続ける。オタクたちのそのような行動は、話題作の発売直後に、2ちゃんねるやいくつかのブログを覗けば簡単に確認することができるだろう。

そして実際に、そのプレイ経験と読書経験の近さを証明するかのように、美少女ゲームのユーザーはライトノベルの読者と大きく重なっている。たとえば、一九七三年生まれの作家、奈須きのこは両者の重なりを象徴する作家である。奈須は二〇〇〇年に、友人のイラストレイター、武内崇とともに制作した『月姫』(Type-Moon)で大きな成功を収め、オタクたちのあいだで知られるようになった。彼は二〇〇四年に、新作の美少女ゲームから数ヵ月をおいて小説を出版し、作家としてデビュー、たちまちベストセラー入りし同年のライトノベル・ブームの火付け役となった。奈須の読者は、おそらく彼のゲームシナリオとライトノベルを区別する必要を感じていない。この奈須の成功以降、ライトノベル業界では、美少女ゲームのシナリオライターは即戦力として注目され続けている。

『雫』の出現が消費の規則を変えた

同じ事態を別の角度から見てみよう。狭義の美少女ゲームは、一九九六年に小さなゲームメーカーから発売された作品、『雫《しずく》』(Leaf)に始まったと見なされている。『雫』のシステムは、当時家庭用ゲーム機で試みられていたシナリオ分岐型のアドベンチャーゲームを模倣して作られている。この作品は熱狂的な支持を集め、多くの追随作を生みだした。そして、その影響は、一〇年をかけて美少女ゲームの市場を根本的に変貌させることになった。[17]

しかし、この成功はいささか奇妙なものである。『雫』は、上述の意味で典型的な狭義の美少女ゲームである。プレイヤーはそこでは、ページを進めるためのクリックと、選択肢の選択以外まったくやることがない。しかし、同時期のほかの美少女ゲーム、たとえば一九九四年の『ときめきメモリアル』や一九九六年の『サクラ大戦』は、いずれも複雑なシステムを備え、攻略も難しく、プレイヤーの操作性もはるかに高い。むろん、『雫』と『ときめきメモリアル』や『サクラ大戦』は、同じ美少女ゲームといっても、異なった環境で制作され、異なった消費者を相手にしていたので、単純に比較はできない。しかし、それでも、『雫』が現れたとき、オタクたちの前に、現在の主流の美少女ゲームよりもある意味で洗練された作品が存在したことは事実である。

したがって、『雫』の成功は、実は複雑な事態を示している。その成功は、単純に『雫』がすぐれた美少女ゲームだったから、つまり当時の一般的な評価基準に適合したから生じたのではなく、むしろ、その出現が美少女ゲームの評価基準そのものを変えてしまったからこそ生じた、と考えたほうがよい。
『雫』のシナリオは、ミステリと青春小説とホラーが組み合わされた佳作で、トラウマ少女やカルト教団の意匠など、同時期の『新世紀エヴァンゲリオン』とも比較される同時代性を備えていた。キャラクターのデザインも、荒削りながらも、のちの萌えの流行に繋がる先進性を備えていた。『雫』の支持者の多くは、そのような物語とキャラクターデザインを評価したのであり、ゲームシステムやインタラクティブな楽しみを評価したわけではない。

このことは、『雫』の登場が、本来はコミュニケーション志向メディアだった美少女ゲームを、コンテンツ志向メディアとして消費されるように、消費の規則そのものを変えてしまったことを意味している。だからこそ、『雫』以降の美少女ゲームでは、物語とキャラクターデザインばかりが進化し、システムにはほとんど消費者の関心が払われてこなかった。そしてまた、この規則の変更は、同じオタクのなかでも、それに適応できる若い世代と、適応できない旧世代のあいだで深刻なコミュニケーション・ギャップを生みだすことになった。三〇代後半以上のオタクには、アーケイドゲームや家庭用ゲーム機の愛好家

（17）より詳しくは、筆者が編者を務めた『美少女ゲームの臨界点』所収の年表および原田宇陀児《うだる》へのインタビューを参照。

である場合はとくに、『雫』以降の美少女ゲームにまったく関心を向けない、あるいは軽蔑を示すひとが少なくない。

現在の美少女ゲームは、コミュニケーション志向メディアでありながら、むしろコンテンツ志向メディアとして、言いかえれば、ゲームでありながら、むしろ小説やアニメに近い**物語メディア**として消費されている。この傾向は年々加速しており、現在では、美少女ゲームにかろうじて残されたゲーム的な部分、すなわちシナリオの分岐さえ、もはや一部の消費者には夾雑物として感じられ始めている。『雫』ではまだシナリオ分岐が重視されていたが、いまは必ずしもそうではない。二〇〇〇年代の美少女ゲームの代表作には、二〇〇〇年の『AIR』(Key)や二〇〇四年の『Fate/stay night』(Type-Moon)、二〇〇六年の『マブラヴ　オルタネイティヴ』(âge)など、分岐の数が数個しかない、あるいはあったとしても実質的に機能していない作品が少なくない。

その傾向をもっとも象徴的に、かつ端的に示している作品が、ここ数年でオタクたちのあいだでもっとも話題を集めた美少女ゲーム、『ひぐらしのなく頃に』『ひぐらしのなく頃に解』(07th Expansion)である。筆者はのちこの作品にもういちど触れるが、この連作は、一〇〇時間を超える長大なプレイ時間にもかかわらず、シナリオは完全な一本道であり、選択肢がまったく用意されていない。したがって、常識的に考えれば、この作品をゲームと呼ぶのは難しい。

にもかかわらず、『ひぐらしのなく頃に』は作者によってゲームだと理解され、また市場でもゲームとして広く受け入れられている。本作を美少女ゲームの代表作と考えるオタクも少なくない。

この事実は、現在の美少女ゲームの消費者にとって、もはや「ゲーム」という言葉が、さきほど引用したプレイ画面、つまり物語を読ませるための仕掛けの特徴しか意味していないことを示している。『ひぐらしのなく頃に』がゲームと呼ばれる理由は、テキストを読むときに接する画面が『雫』に似ているから、そして『雫』と同じようにクリックとともに物語が進んでいくから、というほかに見当たらない。ここでは美少女「ゲーム」は、とりあえずは（とりあえずと留保を示すのは、のちにこの作品のゲーム性について別の観点から議論するからである）、キャラクター小説と同じ、純然たる物語の媒体になってしまっている。(18)

(18) ここで興味深いのは、『ひぐらしのなく頃に』の家庭用ゲーム機への移植版（『ひぐらしのなく頃に祭』）では、選択肢が付加され、シナリオが分岐のかたちに再編成され、一般的なアドベンチャーゲームに近づけるため作品の構成が大幅に変更されると予告されていることである（本書執筆の時点ではまだ発売されていない）。そのような対策の必要性は、逆に、『ひぐらしのなく頃に』を自然にゲームとして受け入れている、オタクたちの感覚の特異性をはっきりと照らしだしている。

キャラクター小説との鏡像関係

美少女ゲームは、コミュニケーション志向メディアでありながら、むしろコンテンツ志向メディアとして消費されようとしている。このことは、美少女ゲームと、さきほどまで検討してきたキャラクター小説のあいだに、読者層の重なりに止まらない深い関係があることを示唆している。

第1章で見たように、現在のキャラクター小説では、キャラクターのデータベースの隆盛（想像力の変化）とコミュニケーション志向メディアの台頭（メディアの変化）という二つの変化に挟まれて、メタ物語的な想像力による物語の侵食が進んでいる。「ゲームのような小説」はその侵食を商業的に利用し、大塚はそれを文学的な観点から批判した。ゲーム的リアリズムは、その侵食を逆手にとり、メタ物語的な想像力を物語の再構築のために用いるアクロバティックな手法だ。筆者はさきほどまで、このような視野でキャラクター小説について語ってきた。

そして、この視点から見ると、上述のような特徴をもつ美少女ゲームは、まさにそのキャラクター小説の変化と同時に、すぐ隣の市場で、部分的に重なった読者層を対象にしながら、逆に物語を語るためにメタ物語的な自由度を削ぎ落としていった鏡のようなジャンルに見えてくる。現在のキャラクター小説は、コンテンツ志向メディアでありながらコミユニケーション志向メディアとして、すなわち単一の物語でありながらマルチエンディングのシナリオのように読まれてしまう。他方で現在の美少女ゲームは、ちょうどその合わせ鏡であるかのように、コミュニケーション志向メディアでありながらコンテンツ志向メディアとして、すなわちマルチエンディングのシナリオでありながら単一の物語として読まれようとしている。それは、いわば**「小説のようなゲーム」**とでも呼ぶべき表現形式なのである。

キャラクター小説と美少女ゲーム、「ゲームのような小説」と「小説のようなゲーム」のこの鏡像関係は、それぞれをライトノベル史、ゲーム史のなかで捉えているかぎり見えてこない。しかし、両者を繋ぐ若い世代の消費者（第三世代オタク）の存在に注目し、さらにそれを大きなメディアの環境の変化のなかに位置づければ、二つのジャンルの並行関係は明らかである。二〇〇〇年代半ばの現在、オタクの流行はライトノベルと美少女ゲームが導いていると言われるが（正確には二〇〇四年までは美少女ゲームが、そこからあとはライトノベルが中心を担っているというのが、筆者の消費者としての実感である）、この両者がいま影響力をもっているのは、おそらくはそれらが、現在の物語を規定する、コンテンツ志向メディアとコミュニケーション志向メディアの衝突という基本的条件に対してもっとも真摯《しんし》に対応した表現形式だからだろう。

それでは、この美少女ゲームという鏡のジャンルにおいて、物語のためにメタ物語を削ぎ落とす過程は、どのような作品を生みだしているのだろうか。

8——『ONE』

永遠の世界

まず『ONE』(tactics)を見てみたい。『ONE』は、のちにKeyという有力なブランドを立ちあげ、一九九九年の『Kanon』と二〇〇〇年の『AIR』で美少女ゲームの市場を席巻《せっけん》するシナリオライター、麻枝准《まえだじゅん》のチームが一九九八年に制作した作品である。そのため、美少女ゲーム評論においては、Key作品の一部として語られることも多い。成人向けのパソコンゲームとして発売されたが、いまでは家庭用ゲーム機にも移植されている。

『ONE』の骨格は、学園を舞台とした恋愛アドベンチャーゲームである。男子学生が視点キャラクターになり、六人のヒロインが現れ、特定の選択肢を選ぶとそのひとりと恋愛関係に入り、イベントが起こり、ポルノシーンが表示されたあと、それぞれのエンディングに入る。

『ONE』を注目される作品にしたのは、そこに加えられた「永遠の世界」という特異な設定である。『ONE』で描かれる主人公の日常は、しばしば挿入される「永遠の世界」と対になっている。「永遠の世界」は、当初は主人公の夢であるかのように描写され、内容も茫漠としていてつかみどころがない。しかし、シナリオが進むとともに、徐々にその存在が主人公の生活に影を落としはじめる。そして、多くのシナリオでは、主人公は最終的に「永遠の世界」へと引きずりこまれ、ヒロインを含む周囲の人物に存在を忘れ去られ、作品世界から姿を消してしまうことになる。主人公は、いくつかのシナリオにおいてのみ、ヒロインの忘却を阻止することに成功し、彼女の記憶を手がかりとして「永遠の世界」から戻ることができる。

『ONE』のゲームプレイの後半は、この設定の存在によって、沈鬱で悲劇的なムードで覆われることとなる。この作風は、ユーザーの熱狂的な支持を集めるとともに、後続の作品にも大きな影響を与えた。「永遠の世界」の意味については、いまでも熱心なファンのあいだで議論が続いているようだ。

『All You』との類似の戦略

ここで注目したいのも、この「永遠の世界」の設定である。ただし、ここで議論したいのは、その意味ではなく機能である。というのも、この設定には実は、あるアクロバティックな戦略が隠されているからだ。

どういうことだろうか。私たちはさきほど、美少女ゲームは、メタ物語的なコミュニケーション志向メディアでありながら、コンテンツ志向メディアとしてひとつの物語を語ろうとしていると述べた。その矛盾は、多くの美少女ゲームにおいては、このジャンルの本質に影響されて、プレイヤーの前に複数のヒロインを用意し、できるだけ自由な切りかえを可能にしようとする**メタ物語志向のシステム**と、視点キャラクターと特定のヒロインの関係を特権化し、二人が交わす恋愛をできるだけ濃密に描こうとする**物語志向のシナリオ**の対立として現れることになる。

筆者はこの対立については、『動物化するポストモダン』でも簡単に触れている。シナリオ分岐型アドベンチャーゲームの形式を採用しつつ、同時に恋愛の物語的な完成度を目指す美少女ゲームは、そもそもその目的と形式が矛盾している。なぜなら、そこでは、一方ではひとりのヒロインを愛することが称揚されていながら、他方では複数のヒロインとの愛が用意されているからである。これは言いかえれば、コンテンツ志向メディアとコミュニケーション志向メディアの対立が、美少女ゲームにおいては、男性の性的妄想が抱えるご都合主義に重ね合わされることを意味している。美少女ゲームの作家は、シナリオで読者を特定のキャラクターに引きつけた瞬間に、「ほかのヒロインも攻略可能だよ」と囁《ささや》くシステムによって邪魔される。裏返して言えば、美少女ゲームの「読者」は、**物語内のキャラクター**への同一化（ひとりのヒロインを愛すること）を、**物語外のプレイヤー**としての自覚（ほかのヒロインに目移りすること）にたえず脅かされることになる。[19] この矛盾の解決は、多くの美少女ゲームに共通する課題である。『ONE』もまた例外ではない。

そして、上述の「永遠の世界」は、まさにその課題への回答として導入されたと考えられる。ここで、オタク第三世代で、美少女ゲームのヘビーユーザーでもあるライターの佐藤心による論考を参照してみよう。

佐藤は「永遠の世界」の設定に、「プレイヤーを巧みに活用したという意味で」の「卓越したゲーム性」を読み取っている。幸せな日常に「永遠の世界」が侵入し、主人公を連れ去るという設定は、物語内の虚構、すなわち視点キャラクターの世界ではお伽噺《とぎばなし》でしか

(19) 本書では以下、おもにこの矛盾の構造に関心を向けて議論を進めるが、ここで示唆されているように、その構造はまたオタクたちのセクシュアリティとも深く結びついている。その方向での読解は、付録Bに収めた『AIR』論を参照されたい。

ない。ところがそれは、物語外の現実、すなわちプレイヤーの世界を考慮に入れると、幸せなゲームプレイもいつか終わり、プレイヤーはゲーム機の前を離れるという、現実そのものの隠喩に変わる。同じようにこの作品では、バッドエンドに到達した視点キャラクターは「永遠の世界」へと引きこまれ、ヒロインから忘れられてしまうが、これもまた、バッドエンドに到達したプレイヤーがゲームを「リセット」し、最初から「リプレイ」することの隠喩として解釈できる。

言いかえれば、麻枝はここで、「永遠の世界」の設定を利用して、プレイヤーに対して一種の錯覚を仕掛け、プレイヤー自身のメタ物語的な経験がすでに物語のなかに書きこまれているように感じさせることを試みている。この作品においては、ハッピーエンドへの到達は、視点キャラクターとプレイヤーにとって、ともに同じ「悪夢」からの脱出、繰り返されるリセットから安定した日常への回帰（視点キャラクターにとってはヒロインとの日常、プレイヤーにとっては文字どおりの日常）という意味をもってしまう。「この確信にみちた作劇に対して、「そんな世界などあるわけがない」と否定することはたやすい。しかし、一度バッドエンドによって「永遠の世界」に閉じこめられてしまったプレイヤーは、視点キャラのバカげた「妄想」が、いまやプレイヤー自身の疑いえない「現実」にほかならないと感じることになる」と佐藤は記している。[20]

この佐藤の読解は、『ONE』の戦略が、前出の桜坂の小説と驚くほど近いことを示している。彼は、本論の言葉であらためて整理すれば、自然主義的読解では（シナリオを読んだだけでは）ファンタジーでしかなかった「永遠の世界」が、環境分析的読解では（プレイヤーの位置を考慮に入れると）「プレイヤー自身の疑いえない「現実」」に見えてくると主張している。

『All You』では、メタ物語的なプレイヤー（キリヤ）が、タイムスリップというSF的設定によってキャラクターの世界に引きずりこまれていた。同じように『ONE』では、メタ物語的なプレイヤー（視点キャラクター）が、「永遠の世界」という幻想小説的設定によってキャラクターの世界に引きずりこまれている。前者でも後者でも、主人公は「リセット」と記憶喪失のループに囚われており、そこからの脱出が物語の目的となっている。そしてその過程で、読者＝プレイヤーは、自分自身の生の条件が作品内に描かれていることに気がつくというわけだ。ただし、『All You』が小説であり『ONE』がゲームであるという条件の差異を反映して、『All You』では脱出の経路がひとつだけだが、『ONE』では脱出の経路がヒロインの数だけ用意されている。

(20)「オートマティズムが機能する2」、二四六頁。この論文は『美少女ゲームの臨界点』にも収録されている。

9――メタ美少女ゲーム

環境の類似性に焦点をあてる

『All You』と『ONE』は、表面的にはまったく異なる印象を与える作品である。両者に影響関係はないだろうし、消費者層も（キャラクター小説の読者と美少女ゲームのプレイヤーが大きく重なっているという意味では重なっているが）おそらく離れている。

したがって、このような比較は、彼らの作品に親しんでいる読者にこそ違和感を与えるかもしれない。実際、桜坂はともかく、その作風から考えて、麻枝が以上のような戦略を自覚していたとは考えにくい。むろん、『ONE』にはいくつかメタ物語的に解釈できる台詞があり(21)、のちの『AIR』ではメタ物語的な構造がさらに明確に現れているので、そう考えても誤りとは言えない。それでもその意図は実証できるものではない。そのような裏付けがない分析は、深読みにすぎないと感じる読者もいるだろう。

しかし、ここで思い起こしてほしいのは、本書の分析が、そもそも「意図」や「影響関係」から離れた水準で考えられていたことである。ふたたび繰り返すが、私たちは、物語と現実のあいだに素朴な対応を見る自然主義的読解ではなく、両者のあいだに想像力の環境とメディアの環境を挟みこみ、その中間項によって物語の構造がどのように変化するかを検証する、環境分析的読解を目指している。環境分析とは、いわば、作家が言いたかったこと、作家が語ったことそのものを「解釈」するのではなく、作品をいちど作家の意図から切り離したうえで、作品と環境の相互作用を考慮し、作家にその作品をそのように作らせ、そのように語らせることになった、その無意識の力学を「分析」する読解方法である。

この立場からすれば、桜坂と麻枝をこのように読むことは、決して恣意的な読解ではない。彼らの並行性は、桜坂の小説を生みだしたキャラクター小説の環境と、麻枝のゲームを生みだした美少女ゲームの環境のあいだに、なんらかの類似性があることを示唆している。そして私たちはその類似性から、メタ物語的な読者をいかにして物語のなかに引きこむか、という共通の課題を抽出しようと試みている。

(21) たとえば、氷上シュンというメタ物語的なキャラクターが登場し、主人公に対して「物語はフィクションじゃない、現実なんだよ」と語る場面がある（『ONE』、「一二月二四日」）。

つまり、ここで問題になっているのは、桜坂の意図と麻枝の意図の類似性ではなく、桜坂の環境と麻枝の環境の類似性である。したがって、彼らがその類似性を自覚していたかどうかは争点にならない。構造的に似た環境から、構造的に似た戦略が生まれてくるのは必然だからだ。

オタクの評論の欲望を刺激

キャラクター小説が、物語を語りつつメタ物語的な想像力に侵食されているように、あるいはその侵食とちょうど鏡像をなすように、美少女ゲームは、メタ物語的なシステムのうえで物語を語ろうとしている。したがって、キャラクター小説がゲーム的リアリズムを生みだすように、美少女ゲームもそれに相当するアクロバティックな作品を生みだすことになる。

この並行関係を象徴する作品は、『ONE』だけではない。一九九〇年代末から二〇〇〇年代にかけては、上記のようなメタ物語的な構造を備え、実際に若いオタクたちが（佐藤の評論のように）その構造を積極的に読み解いていく、「**メタ美少女ゲーム**」とでも呼ぶべき試みが次々と現れている。

筆者がここで「メタ美少女ゲーム」と呼びたいのは、数ある狭義の美少女ゲームのなかでも、前述したようなジャンル的条件、すなわち、シナリオとシステム、純愛の欲望と浮気の欲望、コンテンツ志向メディアとコミュニケーション志向メディアの衝突を、自己言及的な語りやメタフィクション的な設定というかたちでとりわけ明確に表現している作品群のことである。

そのような作品は数多く、ここで全体を紹介することはできない。筆者の印象に残るタイトルを挙げれば、一九九九年の『Prismaticallization』(アークシステムワークス)、二〇〇〇年の『AIR』、二〇〇一年の『未来にキスを』(otherwise)、二〇〇二年の『腐り姫』(Liar-soft)、同年の『Ever17』(KID)、二〇〇三年の『CROSS†CHANNEL』、二〇〇三年の『マブラヴ』(âge)とその続篇である二〇〇六年の『マブラヴ　オルタネイティヴ』、二〇〇二年―二〇〇六年の『ひぐらしのなく頃に』『ひぐらしのなく頃に解』といった並びになるが、むろん、これら以外にも注目すべき作品はあるし、単純に筆者がプレイしていない作品も多い。

前出の「狭義の美少女ゲーム」に較べ、この「メタ美少女ゲーム」は多分に印象に基づく区分である。しかし、二〇〇〇年代前半のオタクのコミュニティにおいては、この区分はそれなりの実体をもっている。メタ美少女ゲームは、その性質上、評論の欲望を強く刺激する。二〇〇六年現在、ウェブでは、美少女ゲームについて、きわめて抽象的で思弁的な議論が大量に交わされているが、その現象はまさにこれらの作品により生じている。メタ美少女ゲームは、少なくとも、オタクの言論空間を一変させるぐらいの力はもっていたわけだ。

10——『Ever17』

視点のトリック

そして、それらメタ美少女ゲームにおいては、さきほど『ONE』から抽出したメタ物語的な戦略が、いっそう明確なかたちで配置されている。たとえば『Ever17』を見てみよう。

『Ever17』は、近未来の日本を舞台として、事故のため海中テーマパークに閉じこめられた主人公たちが、脱出を図りながら事故の原因を探るミステリ仕立てのアドベンチャーゲームである。しかし、この作品は同時に美少女ゲームでもあり、五人のヒロインが配置され、主人公とそれぞれの女性のあいだに恋愛シナリオが用意されている。シナリオ構成と原案は打越鋼太郎《うちこしこうたろう》（槻潮鋼《つきしおはがね》）が担当しており、同じ打越が参加した二〇〇〇年の『infinity』（『Never7』）（KID）、二〇〇四年の『Remember11』（KID）とともに三部作をなしている。しかし、共通するのはいくつかの設定のみであり、単独にプレイして差し支えない。『Ever17』は、家庭用ゲーム機のために開発された作品であり、恋愛描写はあるがポルノ表現は含まない。

『Ever17』は、一群のメタ美少女ゲームのなかでも、ユーザーの評価がとりわけ高い作品である。その評価は、この作品が仕掛けた巧妙なトリックに起因している。

それはつぎのようなトリックである。『Ever17』の物語は、主人公がテーマパークに行く場面から始まる。しばらくシナリオを読んでいくと、事故が起き、主人公はほかの人物とともに海中に閉じこめられる。そこでプレイヤーは、二人の視点キャラクターからひとりを選ぶことを迫られる。一方の語りは「おれ……」で始まり二〇代の青年を、他方の語りは「ぼく……」で始まり一〇代の少年を思わせる。

選ばれた視点はゲームプレイの最後まで固定され、それぞれのなかでシナリオが分岐する。プレイヤーは、青年の視点キャラクターでは二人のヒロインを、少年の視点キャラクターではほかの二人を「攻略」することができる。

この選択は、多くのプレイヤーには、同じ時間を共有する二人の人物の片方を選んだように感じられる。というのも、そのどちらを選んだとしても、続くシナリオ群には同じような人物が存在し、同じような事件が展開していくからである。しかも、視点キャラクターとして青年を選んだシナリオ群ではウィンドウのなかに少年の立ち絵が、視点キャラクターとして少年を選んだシナリオ群ではウィンドウのなかに青年の立ち絵が表示されている。したがって、それぞれを読むプレイヤーは、そこに表示されている人物が、もうひとつのシナリオ群では視点キャラクターになっているのだろうと、自然に推測してしまう。

ところが実際には、二つのシナリオ群は、後述のように一七年の年月を隔てた異なる事件を描いている。これが『Ｅｖｅｒ17』の中核にあるトリックである。このトリックは、視点キャラクターの姿がウィンドウのなかに描かれない、という前述の美少女ゲームの性格を逆手にとって成立している。青年視点キャラクターの視野に現れる少年と少年視点キャラクター、少年視点キャラクターの視野に現れる青年と青年視点キャラクターは、それぞれまったく別人なのだが（そしてその可能性はシナリオの随所で暗示されているのだが）、視点キャラクターが不可視であることに慣れているほとんどのプレイヤーは、四人のヒロインを攻略し、最後のヒロイン「八神《やがみ》ココ」のシナリオに入り、視点キャラクターが鏡を見るまで、つまり制作者がプレイヤーの錯覚をはっきりと訂正してくれるまで、その可能性に気がつくことがない。そして、その錯覚に囚われたままでは、『Ｅｖｅｒ17』の物語の謎はいっさい解くことができないようになっている。

視点の分裂を物語の再構築に利用

さて、さきほど述べたように、このトリックはプレイヤーのあいだできわめて高い評価を得ている。美少女ゲームに慣れていればいるほど、この錯覚を突きつけられたときの衝撃は大きく、その洗練はよくできた本格ミステリを彷彿とさせる。

しかし、本書の視点でより興味深いのは、むしろ、そのような巧みなトリックを提示したあと、分裂した二つの視点をもういちどひとつの物語へと統合してしまう、ココシナリオの展開である。そこには、キャラクター視点とプレイヤー視点の分裂という美少女ゲームが抱える困難の性格をはっきりと認識したうえで、逆にそれを新たな物語の再構築に利用しようとする巧妙な想像力が窺える。

ふたたび『Ｅｖｅｒ17』の物語を追ってみよう。最後のシナリオでプレイヤーが知るのは、つぎのような設定である。

まずは二〇一七年に、問題のテーマパークで事故が起こった。そして、ある人物（青年視点キャラクター）が死んだ。あるいは仮死状態に陥った。彼を救うためには、過去に介入できる超自然的な力が必要であり、そのために、死者に救われた人物（青年視点キャラクターのシナリオでのヒロインのひとり）が、「第三視点」理論と呼ばれるものを考案した。その理論によれば、異なった時空間にある二つのきわめて類似した事象を重ね合わせると、両者を見渡す四次元的で超自然的な存在、彼女の言う「第三視点」を、特定の人物に召喚できることになっている。そしてその「第三視点」の力を借りれば、二〇一七年の事故に変更を加え、死者を生き返らせることができる。このような考えに基づいて、彼らは二〇三四年に、二〇一七年の事故を忠実に再現することにした。それが、プレイヤーが少年の視点キャラクターで読まされていた「事故」である。

つまり、この作品では、現実の事故は青年視点キャラクターの世界でしか描かれておらず、少年視点キャラクターの世界で描かれているのは、あくまでも、その一七年後、コピーとして作られた「事故」だと設定されている。一七年を隔てた二つのシナリオには、プレイヤーを錯覚させるため外見的に同じ人物が登場するが、その理由は物語内部ではクローンや立体映像などの設定で説明されている。

そしてここで注目すべきは、この設定において、二〇一七年と二〇三四年を等価に見渡し、キャラクターの現実より高次元の世界に存在し、ときに介入する「第三視点」なるものが、明らかに、この『Ｅｖｅｒ17』というゲームをプレイするプレイヤー、つまり私たちち自身の隠喩として設定されていることである。(22) しかもこの作品では、そのようないわばメタフィクション的な設定が、批評的な解釈によってあとから発見されるものなのではなく、より実践的に、プレイの直中《ただなか》でプレイヤーの感情移入を操作するために利用されている。

切り離された物語の外部と内部をシナリオで結び直す

どういうことだろうか。前述のように、プレイヤーは、五番目のヒロインである八神ココのシナリオに入るまで、以上のような複雑な設定を知ることができない。物語外のプレイヤーのその無知は、物語内のキャラクターの世界においては、第三視点は存在しているがまだ自覚をもたない、という事態として翻訳されている。

　逆にプレイヤーが上記の設定を知ると同時に、物語内では第三視点の目覚めが語られ、死者の復活に向けて物語が進み出す。そしてそこで、打越はココたちに、二〇一七年の視点キャラクターと二〇三四年の視点キャラクターの背後には共通のなにものかが存在し、それこそが第三視点だと繰り返し発言させている。

(22) この読解そのものは、ファンの深読みでもなければ批評的な解釈でもない。第三視点がプレイヤーの隠喩であることは、公式ガイドブックでも明記されている。『Ｅｖｅｒ17　ビジュアルファンブック』、九三頁参照。

図2.4　プレイヤーに呼びかけるキャラクター
引用画面は『Ever17 Premium Edition』(PC版)

このココの発言は、言うまでもなく、現実にはまったくの無意味である。しかし、私たちは一般に、虚構世界を描く文章を読むときに、それはそれでそこに生きる人間にとっては現実なのだ、という前提を受け入れて読んでしまっている。その習慣、あるいは一種の**錯覚**が機能するかぎりにおいて、プレイヤーは、実際に私たちの（作品外の）現実において私たち自身が二人の視点キャラクターの背後に存在するがゆえに、彼らの（作品内の）現実においては自分たちの存在こそが第三視点と呼ばれているのだ、と了解してしまう。

そして、『Ever17』の物語は、プレイヤーをその錯覚に巻きこんだあと、キャラクターがプレイヤーの指示に従うのではなく、あたかもプレイヤーのほうがキャラクターの指示に従って行動し、事件を展開するかのような、奇妙な転倒のうえで進んでいくことになる。プレイヤー＝第三視点は、ココの指示に従い、二〇一七年と二〇三四年を往復しながら、悲劇を回避し、キャラクターたちを幸せに導いていく。そこでは、物語外的なプレイヤーは、物語内的なキャラクターと同じ世界を生きている。より正確には、プレイヤーがそう錯覚することが企図されている。そして私たちは、作品の最後で、ココがモニタのこちら側に向かって「今、この瞬間、ココちゃんはきみのことを見ているのです」と話しかけるのを見ることになる[23]（図2・4）。ここでは、メタ物語的なプレイヤーも、もはや物語の外に立つことができない。

　以上のようにこの作品には、メタ物語的なプレイヤーをいかにしてふたたび物語のなかに閉じこめるか、という前述の課題への回答が、前掲の『ＯＮＥ』よりもさらにはっきりと刻まれている。そして、このような解釈のもとで捉え返すと、さきほど紹介したトリックの役割にも、また別の機能が見えてくる。

　『Ｅｖｅｒ17』のプレイヤーは、ココシナリオにおいて、それまで同じだと考えていた二つの世界が、実は異なっていたと示される。そのトリックは、おそらく、単なる作劇上の要請というだけではなく、プレイヤーが見る世界とキャラクターが見る世界に絶対的な差異があり、プレイヤーがいかにキャラクターに同一化したとしても、ゲームがゲームであるかぎり、決して彼らの世界には入れないということを、あらためてプレイヤーに自覚さ

(23)『Ｅｖｅｒ17』、ココ編、「二〇三四年五月七日」。

せるために配置されている。つまり、打越はこの作品で、プレイヤーのメタ物語的な位置を、視点のトリックを用いていちどプレイヤー自身に自覚させたうえで、そこで切り離された物語とメタ物語、キャラクターとプレイヤー、物語の内部と外部をふたたびシナリオの詐術《さじゅつ》で縫合しなおす、という実に親切な手順を踏んでいるのである。この点で『Ever17』は、ゲーム的リアリズムやメタ美少女ゲームの問題を考えるうえで、とりわけ範例的な構造をもった作品だと言える。

11――『ひぐらしのなく頃に』

ゲーム的な世界観に基づき設計された作品

もうひとつ作品を読んでみよう。ここでぜひ触れておきたいのが、いままでもいくどか名前を挙げてきた『ひぐらしのなく頃に』『ひぐらしのなく頃に解』の連作（以下では合わせて『ひぐらしのなく頃に』と呼ぶ）である。

『ひぐらしのなく頃に』は、二〇〇二年の夏から二〇〇六年の夏まで、半年に一度開催されるコミック・マーケットに合わせて一篇ずつ発表され（二〇〇三年の冬には発表されていない）、全八篇で完結した連作の同人ゲームである。制作母体は小さなサークルであり、シナリオ、キャラクターデザイン、CGのすべてを同サークルの代表である竜騎士07がひとりで担当している。二〇〇二年の時点では作家もサークルもまったく無名だったが、同作の評価が口コミで徐々に拡がり、二〇〇三年から二〇〇四年にかけて爆発的に注目が高まった。二〇〇七年の時点では、マンガ化、アニメ化、グッズ化、関連作品の開発やコンシューマ機への移植など、すでに広範なメディアミックス展開が行われている。おそらく竜騎士は、二〇〇〇年代前半のオタクの市場で、もっとも急速かつ劇的に成功を収めた作家である。

『ひぐらしのなく頃に』の最大の特徴は、前にも述べたように、ゲームであることを謳っているにもかかわらず、シナリオが完全な一本道であり、選択肢がまったく存在しない（正確には第七編と第八編に多少の選択肢が存在するが、演出上の利用であり物語展開にまったく影響を与えない）ことにある。したがって、『ひぐらしのなく頃に』がゲームと呼ばれる理由は、表面的には、その画面が典型的な美少女ゲームの画面そのものであること以外には見あたらない（図2・5）。しかし、その物語を詳細に読むと、話がそう簡単ではないことが明

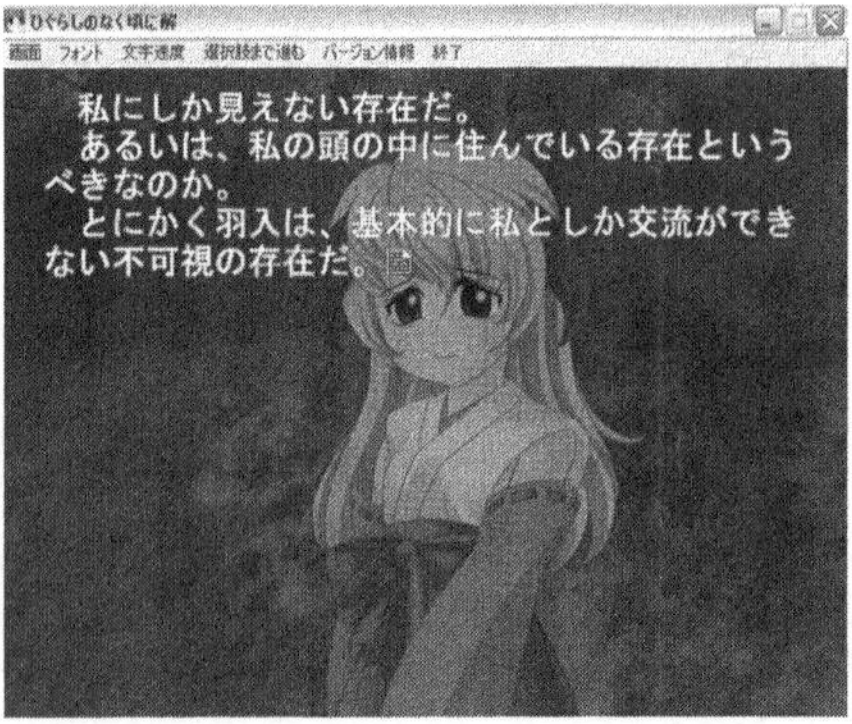

図2.5
『ひぐらしのなく頃に』のプレイ画面

らかになってくる。

『ひぐらしのなく頃に』は、きわめて奇妙なかたちで物語を進めており、その奇妙さは本論の議論とも深く関係している。読者（この作品については、プレイヤーというより読者という呼称が適切だろう）はまず、第一編のシナリオで、男子中学生「前原圭一」の視点から、鄙《ひな》びた山村で夏祭りの時期に起きる凄惨な連続殺人の様子を観察し、その真相を推理するように促される。しかし、シナリオの最後では圭一は死んでしまい、読者はいわゆる「バッドエンド」との印象を受ける。

第一編を読み終わると、ゲーム画面に第二編への入口が表示され、読者は続きのシナリオを読むことができるようになる。

ところが、それは常識的な意味では「続き」ではない。第二編の冒頭では、死んだはずの圭一が生き返り、物語の時間も事件発生前まで戻っている。シナリオを読み進めるうちに徐々に理解できるのは、この第二編が、第一編の続きではなく、むしろ第一編とまったく同じ時間と場所を舞台にして、しかしいくつかの点で異なる展開を辿《たど》った同じ事件を、同じ圭一の視点で捉えた記述になっているということである。シナリオが進むにつれて、第二編でも第一編と似た惨劇が起き始めるが、事件の展開は多少異なり、また、物語が異なるために異なった情報が与えられている読者には、犯人や原因について第一編とはかなり異なる想像が働くことになる。第二編の最後でも、やはり圭一は（おそらく）死に、読者はふたたび「バッドエンド」との印象を受ける。

そして、続く第三編でも、みたび同じ視点から、同じ時間と場所を舞台に、今度は第一編とも第二編とも異なった物語が語られることになる。この反復は、特殊な性格をもつ第四編を除き、途中で視点人物を替えながら、第八編まで七回繰り返される。つまり、『ひぐらしのなく頃に』の各篇は、作品そのもののなかに選択肢はないにもかかわらず、あたかも、プレイヤーが異なった選択肢を選んだがゆえに展開した別々の物語であるかのように配置されている。そして、読者は、あたかも選択肢のあるアドベンチャーゲームをプレイしているときのように、それら各篇を並行的に読み、殺人事件の真相を探るように促される。この点で『ひぐらしのなく頃に』は、確かに形式的にはゲームと言うことが難しいが、内容的にはきわめてゲーム的な世界観に基づき設計された作品だと言うことができる。おそらくは、多くの消費者がこの作品を抵抗なく「ゲーム」として受け入れた理由は、このような特徴にあるのだろう。

そして、このような『ひぐらしのなく頃に』は、また、そこに実質的にプレイヤーがいないにもかかわらず、前掲の『Ｅｖｅｒ17』と同じようにプレイヤーの全能感を強調する、入り組んだ主題の構造を備えている。

前述のように、『ひぐらしのなく頃に』の物語の中心は、鄙びた山村で起きる凄惨な連続殺人事件とその謎解きにある。しかし、そもそもなぜ、読者はそのような謎解きをするのだろうか。多くの小説（たとえばミステリ）では謎解きは純粋な好奇心に支えられているかもしれないが、ゲームにおいてはそれは、ロールプレイングゲームでのダンジョンやアイテム探しと比較すればわかるように、好奇心からというよりも、むしろ適切な情報に基づいて選択肢を選んで「トゥルーエンド」に辿り着くため、すなわち、物語をあるべきすがたへと導くために行われることが多い。

この欲望の構造は、『ひぐらしのなく頃に』の読者にもあてはまる。『ひぐらしのなく頃に』の読者は、この作品を小説ではなくゲームであると錯覚しているため、本当はそこに選択肢などないにもかかわらず、各篇の結末を不可避のものとして受け入れられず、トゥルーエンドへの道を探してしまう。そして、竜騎士はまさに、作品の後半で、そのような読者の錯覚を巧みに組みこみ、物語を終結に導いている。

謎解きの欲望

具体的にその過程を追ってみよう。『ひぐらしのなく頃に』の物語は、第六編で大きく転調し、メタフィクション化している。読者はそこで、第一編から第六編までのシナリオが同じ時間を繰り返していたのは、実は単純に、作品世界そのものが時間を繰り返していたからであることを知ることになる。

『ひぐらしのなく頃に』の世界は、夏祭り前後の殺人事件を終端として、一定の時間を無限に繰り返している。人々はその循環に気がついていないが、登場人物のひとり「古手梨花《ふるでりか》」だけはその認識を自覚している。というよりも、循環の原因そのものが彼女の死にある。梨花が六月のある日を生き残らないかぎり、『ひぐらしのなく頃に』は同じ時間を繰り返す。これは『All You』と驚くほど近い設定だが、ただひとつ違うのは、キリヤがそのループからの脱出に向けて努力しているのに対し、梨花がその状況に深く絶望し、ある意味で安住してしまっていることである。たとえば彼女は、危機に陥った友人を前にして、「私も昔は、小さな狂いが生じるたびに直そうと奔走したものだけど。……途中からね、疲れてきちゃったの。……〝この〟雛見沢《ひなみざわ》にもう興味ない。〝次の〟雛見沢を探しに行くことにするわ」と言い放つ。(24)

ここで竜騎士が梨花に言わせている「この」や「次の」という言葉は、第一編から第六編までをプレイした読者には、自分自身がプレイしているゲームシナリオそのものを指していると感じられてしまう。それはむろん錯覚なのだが、ここで竜騎士は、その錯覚を利用して読者を物語のなかに引き入れようと試みている。これは、前述の『ONE』や『Ever17』と同じ戦略である。

このメタ物語的な戦略は、第七編と第八編ではさらに組織的に展開されている。第七編では、梨花にしか見えず、登場人物の行動を観察することしかできないという設定のキャラクター、「羽入《はにゅう》」が新しく導入される。梨花と羽入の関係は、『Ever17』におけるココと第三視点の関係にきわめて近い。羽入は幽霊のような存在で、第六編までまったく現れない。作品世界を見ることはできるが、介入はできないという羽入の設定は、明らかに読者の物語への関係の隠喩になっている。ここからさき、『ひぐらしのなく頃に』の読者は、もはや小説を楽しむようには物語を読むことができなくなる。なぜなら、読者は、羽入を自分自身の分身として錯覚してしまうからである。しかし第七編は、第六編までと同じく「バッドエンド」に終わる。羽入は、私たち読者と同じく、悲惨な結末を眺めることしかできない。

そして、このようなメタ物語的な詐術を張り巡らしたあと、竜騎士は第八編で、その羽入、すなわち読者の存在こそが、梨花を救い、惨劇を防ぎ、『ひぐらしのなく頃に』の世界を救うために必要だったのだ、というお伽噺を語っていくことになる。第八編では、シナリオが始まるまえに、作家自身の分身を思わせる語り手が登場し、「この世界では、梨花たちの信じる世界をあなたも信じてくれているかどうかを試します。［……］全員の力が集まった時にのみ、奇跡は起こります。そして、その全員には、あなたも含まれているのです」と述べる。(25)

さきほどの梨花の台詞と同じように、読者は、この「あなた」を、モニタの前の私たちを指す言葉だと錯覚するしかない。実際にはこの作品にはまったく選択肢がないので、あなた＝プレイヤーが「奇跡」を信じるかどうかは、物語の展開に影響しない。しかし、竜騎士はここで、第七編で導入した羽入を利用し、本当は『ひぐらしのなく頃に』の世界にはメタ物語的なプレイヤーなど存在しないにもかかわらず、あたかもプレイヤーが作品に介入し、事件の展開の方向を変えたかのようなアクロバティックな物語を語っていく。第八編の冒頭では、上述の「奇跡」が起きて、羽入が人間として圭一や梨花の学校に転校してくる、つまり、メタ物語的なプレイヤーが物語のなかに降りてくる。そして、このもう

(24)『ひぐらしのなく頃に解』、罪滅し編、シナリオスキップモード「隠れ家のレナ」。
(25)『ひぐらしのなく頃に解』、祭囃し編、シナリオスキップモード「カケラ紡ぎ」。

ひとりの「仲間」の存在が、結果として、ある場面で重要な役割を果たし、『ひぐらしのなく頃に』の世界を、だれも死なず、だれも不幸にならないトゥルーエンドへと導いていく。

この展開は、『ひぐらしのなく頃に』が、その表面的な単純さにもかかわらず、実はかなり入り組んだ欲望のうえに作られた作品であることを意味している。竜騎士が語る物語は、一方では「小説的」に進められていながら、他方では、物語内の人物だけで解決できない問題が、物語外のプレイヤーの介入で解決されるという、すぐれて「ゲーム的」な発想のうえで作られている。

そしてこの特徴は、本論が注目する美少女ゲームの変化、「小説のようなゲーム」としての進化（あるいは退化）を念頭に置くと、ますます興味深いものに見えてくる。『ひぐらしのなく頃に』は、一方では、コミュニケーション志向メディアでありつつ、コンテンツ志向メディアとして読まれようとする傾向を極限まで推し進めた「小説のようなゲーム」でありながら、他方では、その結果として生まれた世界に、ふたたびコミュニケーション志向メディアの世界観を招き入れようとする「ゲームのような小説」であるという二重の性格を備えている。つまりはこの作品は、ゲームとしていちど大きく退化し、そのうえでふたたびゲーム的経験の作品化を試みるという、「ゲームのような小説のようなゲーム」

とでも呼ばれるべき作品なのだ。

私たちはここに、二〇〇〇年代のオタクたちの物語を特徴づける二つの流れ、ゲーム的リアリズムとメタ美少女ゲームがみごとに交差した例を見いだすことができる。そしてまたそこからは、コンテンツ志向メディアとコミュニケーション志向メディアの関係がいまやいかに入り組んだものになっているか、その状況の一端を窺うこともできるだろう。

12——感情のメタ物語的な詐術

ゲーム的リアリズムとメタ美少女ゲームの試み

さて、私たちは、ここまでの議論で、二〇〇〇年代の物語がどのような状況に置かれ、同時代の制作者や消費者がその状況にどのように対応しているのか、既存の文芸評論では決して見えてこない、ひとつの光景を浮かびあがらせることができたのではないかと思う。

現代の物語的想像力は、いくども繰り返しているように、キャラクターのデータベースの隆盛とコミュニケーション志向メディアの台頭という二つの条件の変化のため、メタ物語的な想像力に広範に侵食されつつある。ひらたく言えば、そこでは制作者も消費者も、ひとつの物語を前にして、つねにほかの結末、ほかの展開、ほかのキャラクターの生を想像してしまうし、実際にそのような多様性は、メディアミックスや二次創作として具体的に作品を取り巻いている。大塚はその状況を、「ゲームのような小説」の問題として批判した。それはまた、前著の『動物化するポストモダン』の問題設定に近づければ、「データベース消費」「動物化」の進行を意味している。

しかし、その進行は、必ずしも画一的かつ一方的に進むものではない。少なくとも、二〇〇〇年代の前半にオタクを惹《ひ》きつけた二つの物語メディア、キャラクター小説と美少女ゲームは、まさにその状況に呼応して、ゲーム的リアリズムとメタ美少女ゲームというアクロバティックな試みを生みだしてきた。それらの試みは、表面的にはそれぞれ異なった主題を追い、異なった物語を語っていたとしても、構造的には、**メタ物語的な読者／プレイヤーをいかにして物語のなかに引きこむか**というひとつの課題への回答として、共通の視点で分析することができる。私たちはここまで、一篇の小説と三作のゲームを対象に、その分析の一例を試みてきた。

以上の前提のうえで、Ｂパートの議論を締めくくるため、あらためて主題に目を向けておきたい。

ポストモダンな生を対象とした構造的主題

第５節でも述べたように、オタクたちの物語は、二つの異なった水準で読解される必要がある。桜坂の小説は、ライトノベルあるいはＳＦとしての物語的主題（死の痛みや少年の成長）とは別に、ポストモダンな生を対象とした構造的主題（メタ物語的な宙づりを拒否せよ）を備えている。オタクたちの市場においては、自然主義的には非現実的なファンタジーにすぎない作品が、環境分析的読解においては、きわめて生々しい、実存的なメッセージを帯びた作品に変わることがある。

同じことが美少女ゲームにも言える。『ＯＮＥ』や『Ｅｖｅｒ17』、『ひぐらしのなく頃に』も、幻想的な恋愛やパニックＳＦ、伝奇的ミステリといった物語的な性格とは別の水準で、構造的主題を備えていると考えられる。そして、この観点で見ると、前節まで同じようにゲーム的リアリズム／メタ美少女ゲームの試みとして括《くく》られていた四作のあいだに、大きな差異があることがわかる。

どういうことだろうか。『ＯＮＥ』の骨格は、さきほども紹介したように、恋愛アドベンチャーゲームである。プレイヤーは視点キャラクターを動かし、ヒロインのひとりを選択し、恋に落ちることが求められる。そしてこの作品は実は、その目的を達成するにあたって、シナリオの分岐が複雑で、単純なシステムのわりには攻略が難しいゲームとして知られている。プレイヤーは、ゲームプレイのかなり初期の時点で、ヒロインのひとりを選択し、ほかのヒロインとの恋愛を徹底して退けないと、「永遠の世界」に引きずりこまれてしまう。

この特徴は、『ONE』の構造的主題が、前掲の『All You』と同じく、メタ物語的な判断停止の否定、選択の肯定にあることを示している。『ONE』のプレイヤーは、メタ物語的な自由を謳歌《おうか》し、さまざまな恋愛＝物語の可能性を保持するかぎりにおいて、キャラクターから忘れ去られ、いかなる恋愛＝物語も得られないように設定されている。ここからは、『All You』と同じメッセージ、すなわち、選択は確かに喪失を伴うが、なにかを失わなければなにも得ることができない、という主題を読みとることができる。ここでは触れるに止めるが、選択と喪失を不可分に差し出すこの設計思想は、実は麻枝の作品の一貫した特徴でもある。それは、のちに麻枝が制作する一九九九年の『Kanon』、二〇〇〇年の『AIR』、二〇〇四年の『CLANNAD』（Key）でも追究されている。

他方で、『Ｅｖｅｒ17』と『ひぐらしのなく頃に』は、まったく異なった主題を抱えている。前節で見たように、『ひぐらしのなく頃に』は、物語内のキャラクターには解決できない問題が、物語外のプレイヤーの介入によって解決され、トゥルーエンドに辿り着くという着想で支えられている。つまり竜騎士は、メタ物語的な存在を、桜坂や麻枝とは対照的に、メタ物語的であるがゆえにむしろなにものも失うことのない、全能の存在として導入している。

同じ主題が『Ｅｖｅｒ17』にも発見できる。第10節で見たように、この作品は、プレイヤーがメタ物語的な存在＝第三視点であることを自覚し、そのうえで作品世界に介入するという、二段構えで作られている。そしてそこでは、プレイヤーがメタ物語的自覚に達するまえ、つまりプレイヤーがプレイヤーであることを忘れているあいだは、悲劇が起きる構成になっている。『Ｅｖｅｒ17』の最初の四つのシナリオでは、海中からの脱出に成功し、たとえグッドエンドに辿り着いたとしても、必ずだれかが犠牲になってしまう。しかし、第五のココのシナリオにおいて、はじめてメタ物語的存在であることを自覚したプレイヤーは、まさにそのメタ物語性を活かして（二〇一七年と二〇三四年の事件を自在に往還して）全員を救うことになる。この物語の配置は、『ひぐらしのなく頃に』と同じ着想に支えられている。

構造的に見いだされる作品の多様性

私たちはここまで、桜坂の『All You』、麻枝の『ONE』、打越の『Ever17』、そして竜騎士の『ひぐらしのなく頃に』の四作を、ゲーム的リアリズム／メタ美少女ゲームという共通のパラダイムのうえで読んできた。しかし、主題への注目は、そのような共通の環境のなかでも、やはり（あたりまえの話だが）作家の個性が一定の多様性を生みだすことを示している。

そして、その多様性は、物語の類型に起因するものではなく、いちど環境分析的な還元を通って見いだされているため、いっそう重要なように思われる。上記の四作は、自然主義的に読解すれば、異なった消費者を対象とし、異なった目的で制作されたオタク向けのファンタジーでしかない。したがって、それぞれは異なった主題をもっている。

しかし、ここで注目しているのは、そのような物語の多様性ではない。桜坂と麻枝の作品は、物語としての消費とは別の水準で、すなわち環境分析的な水準において、メタ物語的な宙づりの不能性に焦点を当て、なにかを捨てないと決してなにも得ることができない、そのような喪失の感覚を主題として抱えている。対照的に、打越と竜騎士の作品は（とりわけ竜騎士のほうは）、メタ物語的な宙づりの全能性を、言いかえれば、選択をいくどでも繰り返すことのできる世界をはるかに自然に受け入れているように読める。私たちが重要だと考えるのは、表面的な物語の多様性ではなく、このような構造的に見いだされた多様性である。

環境分析的な批評へ

そして、そのような構造的主題への注目は、本論の目的にとってもとても大きな意味をもっている。

本章の冒頭に記したように、筆者はここでは、ポストモダンな物語を対象にできる「新しい批評」を提案しようとしている。しかし、一般にサブカルチャーの物語、とりわけオタクたちの物語を「批評」することは、きわめて難しい。なぜならば、さきほども述べたように、そこではすでに、制作される物語の多くが、最初から類型化と平板化を受け入れているからである。たとえば、もし読者が、主人公が「永遠の世界」から帰還する『ONE』の結末、登場人物の全員が救われる『Ever17』や『ひぐらしのなく頃に』の結末に注目し、それをご都合主義だと批判したいと思ったとしても、その批判はまったく意味をもたない。その物語がご都合主義的であることは、制作者も消費者もともに知っている。オタクたちの市場は、はじめからその自覚のうえに成立している。

しかし、その動物的でデータベース的な環境においても、以上のような構造的主題に足場を置くならば、あるていどの批評的な議論が可能になるのではないかと思う。というのも、第5節でも述べたように、ここに示された構造的主題の差異は、物語と現実をともに規定する環境から議論を始めるがゆえに、作家がそれを意識していたかどうかとは関係なく、また物語そのものの主題とも関係なく、より直接に、ポストモダンに生きる私たち自身の生の条件に対する、各作家の感覚の差異を反映しているはずだからである。そこにこそ新しい批評の対象がある。

そして、自然主義的な批評から環境分析的な批評へのこのような移動、物語から構造への焦点の転換は、決して、作品の読解を構造と環境の分析に還元してしまうことを意味するのではない。本書ではあまり試みる余裕がなかったが、環境分析的読解は文体にも新しい注意を向ける。

たとえば、『ひぐらしのなく頃に』の最後の数「ページ」は、つぎのような文章で構成されている。

全てのカケラが紡がれ、完成された世界。
これ以上ない、理想の世界。

まだこれ以上、何を、
あなたは望む？
古手羽入は、
まだ望む。
だって、
もっともっと、私たちは幸せになれるから。
望んだ数だけ、幸せになれるから。

それは遠い未来のことじゃない。
ちょっとすぐ先の未来。

……なら、それはいつ？
だから割と、すぐだってば。

私たちは、幸せになれるよ。……ほら、[26]

このような文体は、多くのキャラクター小説や美少女ゲームの多くに見られるものである。そこでは、客観的な現実描写がほとんどなく、語り手の感情が剥《む》き出しで提示されている。それは、従来の文芸批評の枠組みで見れば、単純で幼稚なものとして非難されるべきものでしかない[27]。

しかし、ここまでの議論を追ってきた読者は、そこに、文体そのものの単純さとはまったく別の水準で、巧妙な詐術が織りこまれていることに気がつくはずである。引用箇所の文章は、確かに感情を剥き出しで表現しているかもしれないが、いったいそれがだれの感情なのか、そもそもだれがだれにむかって語っているのか、きわめて曖昧なまま記されている。したがって、この文章は、一般の小説の三人称客観描写のように、虚構と現実の境界を画定させる役割を果たさない。

その曖昧さは、むしろ語り手と読者の距離を妙に近づけてしまう。多少詳しく分析してみるならば、ここで竜騎士は「私たち」と「あなた」を区別せず使っており、そこにさらに、前述のメタ物語的錯覚の梃子《てこ》だった特殊な登場人物、「羽入」を登場させている。語り手の感情はいつのまにか読者の感情とすりかえられ、それはさらに羽入の感情とすりかえられていく。結果として、ここで読者は、この文章と、そしてここまでに配置されたメタ物語的な装置の組み合わせによって、ふたたび一種の錯覚を受け取ることになる。

私たち読者は、この最後の文章に辿り着くまで、実に長いあいだ『ひぐらしのなく頃に』をプレイし、羽入とともに圭一や梨花の世界に寄り添い続けてきた。竜騎士のこの文章は、そのような羽入＝読者の生を肯定するとともに、その「幸せ」は作品が終了したあとも続くのだと断言する役割を果たしている。私たちはここで、物語内の惨劇を防いだことによって（実際にはそれすら錯覚なのだが）、物語外の私たち自身の現実も救うことができたと現実の竜騎士＝作者に呼びかけられているかのような、不思議な錯覚に巻きこまれることになるだろう。

このような**感情のメタ物語的な詐術**は、作品を環境から孤立させ、物語と現実を対峙させる自然主義的批評では捉えることができない。そして、その働きを把握できなければ、

(26)『ひぐらしのなく頃に解』、祭囃し編、シナリオスキップモード「綿流し」。

(27) 純文学の「エンターテインメント化」による描写の消失と内言の全面化、およびそれに対する否定的な見解については、石川忠司の二〇〇五年の『現代小説のレッスン』を参照のこと。石川の同書での指摘には参考になるところも多いが、残念ながら石川は同著で、本論でのち読解する舞城王太郎の『九十九十九』を取り上げ、「身勝手」で「フリー・フォーム」な「ひどくザラついた疲労感のみが残る」駄作だと断言している（一八四頁以下）。しかし、筆者の考えでは、『九十九十九』はいささかも「フリー・フォーム」ではなく、きわめて精緻に計算され構築された（それはもしかしたら無意識の計算と構築かもしれないが）メタフィクションである。そして、多くの読者は、舞城の「フリー・フォーム」が気に入っているわけではなく、そのメタ構造の魅力を直感的に理解しているからこそ、彼の作品を支持していると思われる。石川にその構造が見えず、本書ではそれが分析できることに、環境分析的視点の必要性が端的に表れている。

キャラクター小説や美少女ゲームが、表面的には明らかに非現実的な物語しか語っていないにもかかわらず、なぜいま若い読者の実存的な投射の場所になってしまっているのか、その理由も理解することができない。『ひぐらしのなく頃に』のご都合主義的な物語の下には、物語外の現実と繋がった感情操作のメカニズムがあり、私たちはそこにこそ、作家の現実観や世界観、多少おおげさな言葉を使えば、一種の「哲学」を読み取ることができる。そしておそらくは、読者もまたその「哲学」を直感的に理解している。たとえば筆者の考えでは、『ひぐらしのなく頃に』がオタクたちの支持をかくも急速に、かつ熱狂的に集めたのは、竜騎士がまさにその部分で、二〇〇〇年代の彼らの生をとても力強く肯定してくれたからである。

　私たちは、このような複雑な手続きを経てはじめて、竜騎士が最後に記した「もっともっと、私たちは幸せになれるから」「望んだ数だけ、幸せになれるから」という言葉に対して、物語のご都合主義とはまったく別の水準で、それはあまりにも非現実的で多幸症的なのではないか、と疑義を呈することができるだろう。筆者が提案したいのは、そのような複眼性をもつ批評である。

C　文学　Ⅱ

13――『九十九十九』

固有の分析という誤解を回避

さて、私たちは本書の目的をほぼ達成したのではないかと思う。本書の出発点にあった問い、物語が成立しない、あるいはあまりにもたやすく成立してしまうポストモダンにおいて、物語がどのように変質し、どのように生き残るのかという問いに対しては、第1章で答えを出している。さらに、その環境ではどのように物語を読むべきで、どのような概念を用いるべきかという問いに対しても、前節までの議論で答えを示すことができた。読者はいまや、ここまでの議論を参考にして、多様な分析に足を踏みだすことができるはずだ。

そこで最後の数節では、みたび視点を変えてみようと思う。私たちは以下では、ゲーム的リアリズムの考察をさらに深めるのではなく、むしろその議論を足場として、第1章でいったんは遠ざけた自然主義の世界、純文学と文芸批評の領域にもういちど近づいてみたい。

そのような作業を最後に挿入するのは、あらためて本書の誤読を避けるためである。筆者は、前著からここまで一貫して、ポストモダンの分析のためにオタクの作品群を参照してきた。その選択の理由は繰り返し記しているし、筆者はその記述で十分に説得力があると信じている。しかしそれでも、本書の問題提起は、伝統的な文学に親しみ、ゲームもしなければアニメも観ず、キャラクター小説を読んだことがない読者には、受け入れがたく感じられるかもしれない。また逆に、本書の議論が、オタクだけに読まれ、キャラクター小説や美少女ゲームに固有の分析として、サブカルチャーのなかだけで受容されるのも筆者の本意ではない。

筆者は本書では、オタク評論を行いたいわけではない。本書の目的は、『動物化するポストモダン』の末尾の言葉を繰り返すならば、「ハイカルチャーだサブカルチャーだ、学問だオタクだ、大人向けだ子供向けだ、芸術だエンターテインメントだといった区別なしに、自由に分析し、自由に批評(28)」することにある。その区別を撤廃するためには、ここで、ゲーム的リアリズムの例をもうひとつ、オタクたちのコミュニティの外部から探してくるのが近道だろう。とはいえ、それもまた、純文学と較べればはるかにサブカルチャーに近い場所の例である。

純文学の領域で活躍

筆者がここで取りあげたいのは、舞城王太郎の『九十九十九《つくもじゅうく》』である。舞城は一九七三年生まれで、二〇〇一年に『煙か土か食い物』でデビューした。

舞城のデビュー作はミステリとして出版されたが、作品は当初から純文学の領域で高い評価を受けた。彼はデビューと同年に文芸誌に短篇を寄稿し、同作で早くも三島由紀夫賞の候補になっている。二〇〇三年には『阿修羅ガール』で同賞を受賞し、二〇〇四年には芥川賞の最終選考に残った。二〇〇五年からは、文芸誌の『新潮』で長篇を断続的に連載している。二〇〇六年末の時点で一〇冊の小説が刊行されているが、そのうちミステリと呼べるのは三冊であり、いまや舞城は純文学作家という印象が強い。ただし、舞城自身はいまでも活動の場を拡げており、純文学作家として捉えるのも危険である。たとえば彼

(28)『動物化するポストモダン』、一七四頁—一七五頁。

は、二〇〇六年には、毎週一本映画の企画を発表し、プロデューサーやスポンサーを公募するという実験的な試みを週刊マンガ誌で展開している[29]。

舞城はミステリの出身であり、サブカルチャーの意匠を作品内に配置することから、ライトノベル・ブームと関係が深いと見なされることがある。しかし実際には、舞城の背景は、サブカルチャーといっても、ライトノベルに近いオタク的な趣味の領域からはかなり離れている。おそらく彼は、キャラクター小説にも美少女ゲームにもほとんど関心を示さないだろう。にもかかわらず、彼の小説には、本論がそのオタク的な領域から引き出してきた「ゲーム的」な感覚、すなわち、物語はこうも展開しえたしああも展開しえた、というメタ物語的な想像力の存在が深く刻まれている。『九十九十九』は、そのなかでもとりわけその性格を強く示している。

入れ子構造になった章構成

まずは外見的な特徴から押さえていこう。『九十九十九』は、舞城が二〇〇三年に講談社ノベルスで刊行した長篇小説である。

この小説は、一般の長篇小説と異なり、「ＪＤＣトリビュート」と名づけられたシリーズの一冊として刊行された。ＪＤＣトリビュートは、舞城と同世代で、デビューが五年ほど早いミステリ作家、清涼院流水が、同じ講談社ノベルスで出版した『コズミック』『ジョーカー』『カーニバル』（「JDCシリーズ」と総称される）で作りあげた世界設定や登場人物を用いて、清涼院以外の作家が新たに物語を書き記す競作シリーズである。「JDC」とは、その作品世界の中核に位置する、「名探偵集団」の名前を指している。このシリーズには、舞城のほかに、西尾維新が同じ小説で、大塚がマンガ原作というかたちで参加している。JDCトリビュートは、原作者と出版社が公認した一種の二次創作だと考えるとわかりやすい。

『九十九十九』の展開はきわめて入り組んでおり、単純な紹介は難しい。それでもあえて要約するならば、この小説で語られるのは、きわめて美しく、その美貌のために周囲の人々を失神させてしまうという特殊な能力をもつ主人公、「九十九十九」が、さまざまな事件に巻きこまれ、さまざまな女性を遍歴しながら、幸せを追い求める物語である。九十九十九は『コズミック』『ジョーカー』の主人公であり、その奇妙な設定は原作から引き継がれている。

(29) 詳しくは、舞城が中心となって作られたと思われる（と留保を記すのは、舞城の小説と同じく、この組織のスタッフリストにもメタフィクション的な戯れが仕掛けられているからである）、「映画・ドラマ・アニメ・ゲームなどの映像作品を企画・制作・販売するユニット」、「リアルコーヒー」の公式サイトを参照のこと。URL=http://www.realcoffee.jp/

『九十九十九』の形式面での最大の特徴は、入れ子構造になった章構成である。この小説は全七話から成り、基本的に「僕」の一人称で語られている。しかし、それらは、第一話から第七話まで、主人公＝九十九十九＝「僕」の存在する世界がひとつずつメタレベルに上昇していくように、言いかえれば、ひとつずつ外側の世界に出て行くように描かれている。

第二話の「僕」は、第一話の世界に対して外側に存在し、その証拠として彼は、第一話を「清涼院流水」の小説として郵便で受け取り、読んでいる。同じように第三話の「僕」は第二話までを小説として読み、第四話の「僕」は第三話までを小説として読み、以下も同じ関係が繰り返される（正確を期せば、小説を読む描写そのものは繰り返されていないが、そのような関係にあることは示唆されている）。各話の「僕」は、それぞれ前話の「僕」と、大まかには似ていながらも細部が異なる環境に生きており、したがって彼らは、だれか自分を継続的に監視している人間が、なんらかのメッセージを伝えるためにわざわざ彼の人生を小説仕立てにして送りつけてくるのだ、と推測することになる。「『第一話』を一通り最後まで読んでも《清涼院流水》という言葉の意味は判らない。僕に判ったのは、僕のこれまでの生い立ちと少年期に起こったことの一部を結構くわしく誰かが知っているということ」。「僕のことを誰だか判らない誰かがこっそり見て、小説を書いている。僕のプライベートなことを書いている」[30]。

作品とその周りの状況への批評の試み

この構成は、『九十九十九』が、清涼院の作品の単なる外伝ではなく、むしろその世界観を内側から食い破るすぐれて「批評的」な、あるいはこの言葉が強すぎるならば、「笑い」に満ちた試みであることを意味している。その批評＝笑いは、大きく二つの対象に向けられている。

ひとつめは、この『九十九十九』そのものの虚構性、より正確には、その世界を支えるまんが・アニメ的リアリズムの虚構性である。

前述のように、『九十九十九』の主人公には、自然主義的文学では不可能な非現実的な設定が与えられている。その非現実性は、主人公以外の描写にも及んでいる。たとえば第一話には、快感を高めるために眼球を引き抜いて行うセックスや、死んだ女性の胎内で生き続ける老人が現れる。それはいかにも「マンガ的」な想像力だが、『九十九十九』はその想像力を展開させず、第二話ではそれを「清涼院流水」の妄想として退《しりぞ》けてしまう。同じように第三話でも、第二話で記された事件が作り話として退けられる。実際には各話で

（30）『九十九十九』、一四〇頁―一四一頁、二七一頁。

は、前話の荒唐無稽な事件が退けられるかわり、ふたたび別の荒唐無稽な事件が起き、小説が幻想的な雰囲気に包まれて進むことは変わりない。しかし、同時にこの小説は、章があらたまるごとに、前話の内容を「結局小説だ[31]」といって斬り捨てていく。それは、あたかも、まんが・アニメ的リアリズムの小説による、まんが・アニメ的リアリズムの自己批判のように読むことができる。

そしてその批評＝笑いは、『九十九十九』の原作が清涼院の作品であることで、ますます鋭くなっている。というのも、清涼院のＪＤＣシリーズは、『動物化するポストモダン』でも触れたように、一九九〇年代にキャラクターの論理によってミステリが大きく変貌を遂げた、その典型として頻繁に参照されるものだからである。

清涼院の小説は、ジャンル史的には、一九九〇年代に隆盛を遂げたミステリのサブジャンル、いわゆる「新本格」に属しており、現代の日本を舞台としたミステリとして出版されている。しかし、その物語の展開はほとんど現実と接点をもたず、文体の水準でも自然主義的な描写は成立していない。清涼院の小説は駄洒落やアナグラムに満ちており、前章で論じたまんが・アニメ的リアリズムの「半透明性」を、同時期のライトノベルよりもある意味で過激に展開していると言える（この点について詳しくは、付録Aの清涼院論も参照されたい）。

たとえば、彼のデビュー作である一九九六年の『コズミック』は、一二〇〇個の密室で一二〇〇人を殺すという非現実的な殺人予告に対して、「名探偵集団」の「JDC」が、超能力と見まごうばかりの非現実的な推理で挑む物語である。その荒唐無稽さは、第1章でも触れたように、先行世代の作家や批評家から強い批判を受けた。九十九十九の前述のような設定は、そのような荒唐無稽さを背景に成立している。そして『九十九十九』の舞城は、その原作をなぞるように奇想を展開し、同時にそれを「清涼院流水」の妄想として位置づけることで、清涼院の作品の荒唐無稽さを、そしてそれを可能にしたまんが・アニメ的リアリズムの表現を笑い飛ばしているように見える。「ねえ、マジでやってよ。ここは税金払って保険に入って水道代とか電気代とか払わなきゃなんないし、三つ子とか産んだらお金が超かかっちゃうマジの世界なんだよ？それなのに子供の父親が《九十九十九》とか名乗って《探偵神》とか言って《清涼院流水》みたいな訳判んない人から訳判んない小説届けられて訳判んない世界に引きこもられたら、困るんだよ！」(32)。

他方で、舞城の批評＝笑いが向けられたもうひとつの対象は、『九十九十九』を取り巻く状況である。

ふたたび繰り返すが、『九十九十九』では、作品内と作品外の関係が章を追うごとに更

(31)『九十九十九』、二七一頁。
(32)『九十九十九』、二一〇頁。

新されている。言いかえれば、そこでは虚構と現実の関係がつぎつぎと変わっている。舞城はその効果を強めるため、小説内に「西暁町」「アルマゲドン」「太田克史」といった固有名を投げ入れている。「西暁町」は、さきほども触れた舞城自身のデビュー作、『煙か土か食い物』の舞台となった虚構の町名であり、「アルマゲドン」は『阿修羅ガール』に登場する虚構の事件の名前、「太田克史」は実在の編集者の名前である。『九十九十九』では、『煙か土か食い物』と同じように西暁町で殺人が起こり、『阿修羅ガール』と同じように「アルマゲドン」が進行し、現実と同じように清涼院が小説を書き、太田がその担当編集を務めている。太田のほかにも、この小説には講談社ノベルス周辺の人名や噂話への言及が数多く含まれており（『動物化するポストモダン』もいちどだけ登場する）[33]、それらもまた物語内で一定の役割を果たしている。そして舞城は、章が変わるごとに、それらの設定をつぎつぎと虚構化し、小説内小説のなかに押しこんでしまう。

このような特徴は、舞城がこの小説で、清涼院の作品の二次創作を試みているだけではなく、『九十九十九』以前の作品、作家としての舞城自身、さらには清涼院や彼を取り巻く業界そのものの批判的な虚構化を試みていることを意味している。たとえば舞城は、「清涼院流水」の名前をはじめて目にした主人公に、つぎのような会話をさせている。

「知らない人。泉は知ってるの？」

「知ってるよ～。超有名だっつの。一部では」

泉の言葉の意味は判らなかったが、僕は手ぶらでリヴィングに戻る。

「誰なの？」

「作家だよ。凄いんだよこの人」と言う泉の顔は上気している。「昔はねー、《流水大説》書いてたんだけど、それが《述《の》べる主《す》》になって、それがさらに発展して《述べ足《た》り内《ない》／述べ切《き》れ内《ない》》になって、《NOVELLA例《れ》無《な》い》になって《脳《の》辺《べ》那井《ない》》になって、今、《もうお前とは喋ってやんねー世《よ》》やってんじゃないかな。最近成長加速してるんだよね」

「ちっとも意味が判んない」

「違う違う、今の流水は《意味判らせてやらねー世》なんだって」

「…………」

「そうそう、それ。意味判んなくて正解なの。そういう読み方するの。でも本当は流水に言わせれば、今は読まないことが正しい読み方らしいんだけど、正しい読み方を

(33)『九十九十九』、一二六頁。

していること自体が間違いだから、読まなかったらこれも間違いで、じゃあ読んだ方が実は正解なんだけど、最初言ったように読んだら間違いなんだから、読んだら駄目なんだよー」[34]

ここで語られる「《述べる主》」以降の「成長」は、舞城が作りあげた虚構である。しかし、清涼院が「《流水大説》」を標榜《ひょうぼう》していたのは現実である。また、彼の小説に触れたことのある読者であれば、「意味判んなくて正解なの」という台詞に思わず苦笑を漏らすかもしれない。ここに描かれた清涼院は、あくまでも虚構だが、現実と完全に離れているわけでもない。私たちはこの会話を、清涼院のような奇妙な作家が登場し、多くの読者に受容され、さまざまな解釈が試みられ、さらには『九十九十九』のような企画まで立てられてしまう、二〇〇〇年代のミステリ小説の状況全体に対する、痛烈な皮肉として読むこともできる。[35]

(34)『九十九十九』、一四三頁―一四四頁。

（35）舞城の批評的な視線は、当然のことながら、ミステリの業界にのみ向けられたものではない。たとえば彼は、『九十九十九』の出版の半年後に、『群像』二〇〇三年一二月号に興味深い文章を発表している。当時の『群像』は、「現代小説・演習」と名づけられた、「現在の小説表現のあり方を方法論と実作の両面から模索する」「評論家と小説家のコラボレーション」を毎月掲載していた。舞城はその企画に参加し、一方で、講談社ノベルスのミステリに登場する登場人物、「愛媛川十三」の名義で「いーから皆密室本とかJDCとか書いてみろって。」というタイトルの評論を書き、他方ではその評論を受けてメタフィクション的な短篇を発表している。そこに仕掛けられた無数の罠についてはもはや言及しないが、いずれにせよそこに、純文学と文芸批評への嘲笑を感じ取るのはそれほど難しくはない。少なくとも舞城はそこで、文芸誌の「評論」など、自作のエンターテインメントの登場人物にシミュラークルとして書かせればいいレベルのものだと考えていることを、態度で雄弁に示している。

14 ――「メタミステリ」

清涼院のメタミステリを継承

以上のように『九十九十九』は、清涼院の小説の外伝あるいは二次創作として作られながらも、原作を素直に受け入れるのではなく、むしろ、その作品の虚構的な性格とそれを取り巻く現実の状況をともに笑い飛ばすような、批評的でメタフィクション的な構造を備えている。
しかし、ここでより重要なのは、その構造の背景にあるのが、最初に清涼院の安定した物語があり、つぎにそれへの「批判」としてメタ物語が作られるという順序ではないことである。前述のように、清涼院の小説はキャラクターのデータベースに深く依存しており、現実との接点をほとんど失っている。その特徴は、本書の議論を追ってきた読者には明らかなように、舞城によるメタフィクションの導入を待たずして、そもそも彼自身の作品がメタ物語的な想像力に曝されていたこと、言いかえれば、すでに彼の時点で安定した虚構世界を作るのが難しかったことを意味している。

実際に、さきほどからいくどか名前を挙げている一九九六年の『コズミック』は、JDCシリーズの出発点であり、清涼院のデビュー作でありながら、すでに複雑な「**メタミステリ**」として構成されている。メタミステリとは、推理小説の形式そのものを小説内で利用して作られた（たとえば、実は作家自身が犯人だったなど）、特殊な作品群を指す業界用語である。一九九〇年代の日本では、数多くのメタミステリが書かれ、清涼院もまたその流れを引き継いでいる。

たとえば、『コズミック』には、清涼院の明らかな分身である「濁暑院溜水《だくしょいんりゅうすい》」なる小説家が登場し、その作品（小説内小説）が謎解きに大きな役割を果たしている。主人公の九十九十九は「メタ探偵」と呼ばれ、メタ探偵は小説内で「作者の意図を知り得る者」と定義されている[36]。

このようなメタミステリへの志向は、ミステリのジャンルにおいては、一九九〇年代の新本格の流れのなかで説明されている。しかし、本書の視点からすると、それはまた、同時期のライトノベルと同じように、ゲーム的想像力の台頭に反応して生まれた戦略としても理解できる。実際に清涼院は、多くの作品で、ゲームの意匠を取り入れて物語の単線的な構造を壊そうと試みている。たとえば、一九九七年に出版された『19ボックス』は、短篇連作でありながら、読解の順序によって真相が異なる、つまり「マルチエンディング」になるという試みであり、巻末には読みかたを指示するための質問票まで掲載されている。

清涼院は、舞城よりはるかに強くエンターテインメントを志向しており、したがって明らかなメタフィクションを記すわけではない。しかし、彼もまた、ゲーム的でメタ物語的な想像力に強く侵され、素朴に物語を語れなくなった作家だと言える。その困難さは、当時の読者にも感覚的に伝わっている。たとえば、清涼院のデビュー作を一五歳で読み、の

(36)『コズミック』、四七九頁。

ちに同じ講談社ノベルスからデビューしベストセラー作家となる西尾維新は、つぎのように記している。「『コズミック』とは〝新本格〟におけるもっとも重要なファクターのひとつであるところの〝密室〟を終わらせてしまった作品だった、となります。［……］『ジョーカー　旧約探偵神話』では、清涼院流水は〝推理小説〟――〝ミステリ〟というシステムそのものまで〝終わらせて〟しまいました。［……］『コズミック・ジョーカー』に続く第三作目として提出された『19ボックス　新みすてり創世記』において〝小説〟という形式までも〝終わらせて〟しまった際にはさすがにこの僕も底知れぬ不安を感じたものでした」[37]。

清涼院の作品世界は、ミステリとして提示されながらも、すでに物語の解体の契機を含んでいた。だとすれば、『九十九十九』の批評的でメタフィクション的な特徴は、清涼院の物語を批判するものというよりも、むしろ、そこに潜在するメタ物語性や批評性を抉《えぐ》りだし、顕在化させたものだと捉えたほうが適切かもしれない。『九十九十九』は、ＪＤＣシリーズの世界観を内側から食い破るものでありながら、まさにその攻撃性において、清涼院の困難を忠実に継承した作品だとも言えるわけだ。

ゲーム的リアリズムについての小説

清涼院の背景は、舞城と同じく、ライトノベルや美少女ゲームを中心とした第三世代オタクのコミュニティからは離れている。一九九〇年代においては、一般にミステリとライトノベルは異なるジャンルだと考えられていたし、実際に読者も分かれていた。したがって、清涼院のメタミステリから舞城のメタフィクションに至る流れを、本書の議論と接続することは難しいように思われるかもしれない。

しかし、いくども繰り返しているように、本書の議論は、作家の影響関係に注目するものではない。私たちはここでは、二種類の大きな環境の変化を前にして、作家とジャンルの想像力がどのように変貌したか、という視点で作品を読んでいる。そして、その視点においては、相互に影響がない作家でも、共通の環境に対応するため、構造的に同じ戦略を開発することがあると考えることができる。

したがって、清涼院のメタミステリもまた、近代的あるいは自然主義的なミステリの論理とポストモダンなキャラクターの論理が衝突した場所に生まれた、ゲーム的リアリズムの別の展開だと見なすことができるだろう。ここでは示唆するに止めるが、そのような理解は、笠井潔の試みが示すように、[38]新本格のジャンル内の評論ともおそらく接合可能であ

(37)「流水解説」、二八八頁—二八九頁。
(38)『探偵小説と記号的人物』、第三章参照。

る。

清涼院の作品世界には、すでに、メタ物語的な市場を前にした作家のメタ物語的な戦略が刻まれていた。舞城は、それを顕在化させ、批評的なメタフィクションに変えた。このような二段構えの理解は、『九十九十九』の読解に大きな方向性を与えてくれる。というのも、それは、『九十九十九』が単なるメタフィクションではなく、清涼院が無意識に展開したゲーム的リアリズムを意識化して作られた小説であること、本論の議論に引きつけて言いかえれば、その構造的主題を物語的主題に変えて作られた小説であることを意味するからである。

私たちは、さきほどまで、物語的主題と構造的主題の差異を重視してきた。前者は、物語のなかで明示的に語られる主題だが、後者は、物語と環境の関係によって構造的に示される主題である。桜坂の小説も、麻枝と打越と竜騎士のゲームも、物語の水準では異なった主題を語っているが、構造の水準では、メタ物語的な読者をいかにして物語のなかに引きこむかという共通の課題を抱えており、その課題への回答にまた別の主題を読み取ることができる。そしてそれは、言いかえれば、彼らの作品においては、ゲーム的リアリズムの課題があくまでも物語の外で、その語られる形式を通して、言語行為論の区別を使うならば[39]、「コンスタティブ」ではなく「パフォーマティブ」に追求されていたということでもある。だからこそ、私たちは、自然主義的な読解ではなく、環境分析的な読解を提案しなければならなかった。

ところが、この『九十九十九』は、清涼院のメタ物語的な戦略を暴き、その「パフォーマンス」を分析したうえで書かれたメタフィクションである。したがって、そこでは、清涼院がミステリの外見の下に隠していたものが、白日のもとに曝され、すべて明示的に文章化されてしまっている。『九十九十九』の九十九十九は、「濁暑院溜水」の危うさに無自覚だったJDCシリーズの九十九十九と異なり、彼の世界の成立条件を自己言及的に問い続けている。(40) 清涼院の九十九十九はメタ物語的な詐術のうえに構築されているが、舞城の九十九十九は、そのうえでさらに、その詐術について語り続ける。ひらたく言えば、清涼院の小説がゲーム的リアリズムの小説であるのに対して、舞城の小説はゲーム的リアリズムについての小説になっているのである。

(39) 言語行為論は現代哲学・言語論の一潮流。コンスタティブは「事実確認的」、パフォーマティブは「行為遂行的」とも訳される概念で、ある発話が伝えるメッセージの二つの水準を意味する。たとえば、職場に要領がよく、面倒な仕事を他人に押しつけるのがうまい人物がいたとして、同僚が「Aさんは賢いひとですから」と愚痴をこぼしあっていたとする。このとき、その発話はコンスタティブには「Aは賢い」を意味するが、パフォーマティブには「Aはいやなやつだから無視しよう」を意味するかもしれない。この区別については、筆者の『存在論的、郵便的』も参照のこと。

(40) たとえば、『九十九十九』、四〇二頁以下。

15——プレイヤー視点の文学

タイムスリップの理由

そして、このような観点を導入することで、『九十九十九』の複雑な物語と登場人物たちの言動は、単なる自己言及的な戯れとしてではなく、むしろ明確なメッセージを伴ったものとして読み解くことができる。本論を締めくくるにあたり、読解の一例を示すこととしよう。

筆者がここで注目したいのは、『九十九十九』の最終章に記された、三人の九十九十九のあいだの会話である。それについて語るためには、まずはなぜ主人公が三人に増えているのか、その背景を押さえておく必要がある。そしてその背景は、ゲーム的リアリズムの問題と深く関係している。

ふたたび『九十九十九』の全体の構造を見てみよう。前述のようにこの小説は、第一話の現実は第二話の主人公にとって虚構で、第二話までの現実は第三話の主人公にとって虚構で、第三話までの現実は第四話の主人公にとって虚構である、という入れ子構造を備えている。

しかしそれだけではない。さきほどは触れなかったが、実は舞城は、そこにさらにひねりを加えている。『九十九十九』の各章は、第一話から第三話までは普通に配置されているが、そのあとは、第五話、第四話、第七話、第六話という順序で配置されている。第五話の主人公は第四話の内容を読んでいるし、第七話の主人公も同じように第六話を読んでいる。したがって、読者は、第四話を読むまえに、第四話を読む主人公の話を読み、第六話を読むまえに、第六話を読む主人公の話を読むことになる。

この転倒の理由は、小説の内部では「タイムスリップ」で説明されている。最終章すなわち第六話で明かされる設定によると、第一話、第二話、第三話と順序よく事件を経験してきた「オリジナル」の九十九十九は、第五話の最後で第四話に戻り、二回目の第四話と第五話、そして第六話、第七話を経験したうえで、ふたたび第七話の最後で第六話に戻っている。第四話と第五話、第六話と第七話の順序が入れかわって見えるのは、そのあいだの話がいくつか省略されているからにほかならない。「二人目」と「三人目」の九十九十九十九は、その事情をつぎのように説明する。

「外にはまだもう一人の九十九が僕たちを探している」

「二人目だね」

「オリジナルだよ」

「つまり僕たちは『第五話』、『第七話』のタイムスリップのせいで起こったコピーなのか」

「そうだね。コピーと言っても、オリジナルと大差ないさ。オリジナルだって、本当の体験なんて一つもない。これは全部お話なんだ。まあでも夢を仮定的に現実と捉えて考えると、オリジナルの《経験》とはこういう流れになっている。『第一話』『第二話』『第三話』、そして『第四話1』と『第五話1』、タイムスリップのせいで発生した『第四話2』と『第五話2』、『第六話1』と『第七話1』、そして再びタイムスリップしたせいで今オリジナルは『第六話2』を生きてるところさ。大変なもんだよ。僕らの暗い部分を全部引き受けて体験してもらえてるんだからな。まあその経験のおかげで余計な《成長》を手にして、今の虐殺があるわけだ。言っている意味は判るよね」

「もちろん。君の頭を僕も持ってるからね。つまり僕がこれまでに読んだ『第一話』『第二話』『第三話』『第五話』『第四話』『第七話』は、オリジナルにとっての『第一話』『第二話』『第三話』『第五話1』『第四話2』『第七話1』でしかないってことだろう。つまり僕が読んだ『第四話』＝『第四話2』の《僕》＝《九十九十九》はオリジナルの九十九十九じゃなくて、タイムスリップのせいで発生したもう一人の九十九十九、つまり君なんだね」

「その通り」と二人目は言う。

「そして君が『第七話1』から『第六話』の世界に戻ってきたおかげでできた二つ目のパラレルワールド＝『第六話2』がこれか……。そして僕が三人目という訳だ(41)」

タイムスリップで過去に戻ると、過去の自分自身に出会うので、結果として自分の数が増える。たとえば、「第四話2」と「第五話2」には、はじめて第四話と第五話を体験する九十九十九と、第五話の最後で時間を戻り、第四話と第五話をふたたび体験している九十九十九の、二人の九十九十九が存在する。最終章すなわち「第六話2」では、第七話で

(41)『九十九十九』、五四六頁—五四八頁。

もうひとつタイムスリップが起きているので、九十九十九もうひとり増えている。それが、ここで「二人目」と「三人目」の会話によって示唆されている、とりあえずの説明である。

しかし、この説明は実は、『九十九十九』の世界を整合的に理解するためにはあまり役に立たない。細かい論証は省略するが、タイムスリップの導入によって再解釈しても、九十九十九たちの会話にはさまざまな矛盾が残る。とくに決定的なのは、この小説ではそもそも、第一話の現実は第二話の現実から見れば虚構であり、第二話の現実は第三話の現実から見れば虚構である、という水準の移動が設定されていたことである。第五話と第七話は、それぞれ第四話と第六話に時間的に続くものではなく、論理的に上位にある。したがって、時間移動の設定はそもそも意味をもたない。第五話の九十九十九にとって第四話は夢のようなものなのだから、時間を戻っても第四話に戻れるわけがない。同じように第七話の彼も、第六話に戻れるはずがない。引用箇所の「夢を仮定的に現実と捉えて考えると」という留保や、「《経験》」というカギカッコつきの表現が示すように、舞城もその無理を自覚している。

それならば、なぜそのような設定が導入されているのだろうか。ここでゲーム的リアリズムの議論を思い起こすこととしよう。私たちはここまで、このような奇妙な設定を、物語の内部だけで解釈するのではなく、物語内部の視点と物語外部の視点、すなわちキャラクターの視点とプレイヤーの視点を短絡させるメタ物語的な装置として捉えることを学んできた。

同じタイプの分析がこの小説にも適用できる。『九十九十九』では、章が進むごとに現実の水準がつぎつぎと更新されるので、物語内の人物は、第一話から第七話までを同じように「経験」することはできない。ではだれができるのかといえば、それは物語外の読者を措《お》いてほかにはいない。物語外の読者は、物語内では論理的な水準が異なる各章を、単純に時間的な継起として読んでしまう。

つまりは、ここで「タイムスリップ」は、物語外の読者の時間的な経験を、物語内の登場人物の経験に見せかけるために導入されているのである。物語内の設定と見せかけ、実はメタ物語的な機能を負わされているその位置は、『Ａｌｌ Ｙｏｕ』のループや『Ｅｖｅｒ17』の第三視点とまったく等しい。

三人の視点プレイヤーの登場

『九十九十九』の最終章は、通常の物語としてではなく、「タイムスリップ」を入口として読者の経験を物語のなかに招き入れるような、ゲーム的リアリズムの表現として書き記

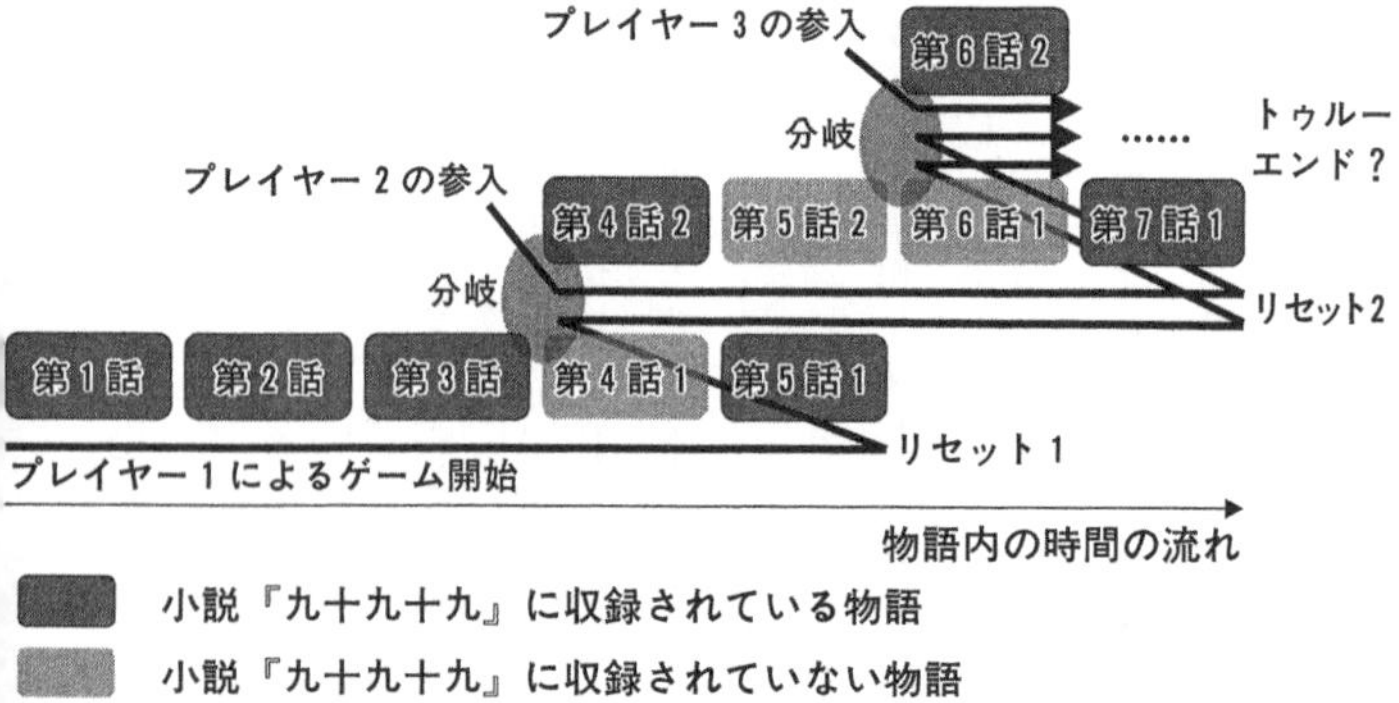

図2.6 『九十九十九』のメタ物語的構造

されている。このように理解することで、三人の九十九十九が存在する理由も明確に理解できる。

私たちはAパートで、桜坂の小説を、タイムスリップSFとしてではなく、ゲーム的経験の物語化として読むことを提案した。同じように『九十九十九』の後半の展開は、タイムスリップSFとしてではなく、シナリオをリセットするごとに新しいプレイヤーが新しい視点キャラクターをともなって参加してくる、特殊なオンライン・アドベンチャーゲームに見立てて読むことができる。

たとえば、『九十九十九』というゲームには三人のプレイヤーがいて、小説の最終章、すなわち「第六話2」の世界では、彼ら三人が、それぞれ異なった三体の九十九十九を操作してゲーム空間に参加している、と考えてみる（図2・6）。一人目（「オリジナル」）は、第五話でリセットをかけていったん第四話に戻り、二度目の第五話と第六話を経て、第七話の最後でふたたびリセットをかけて、いまは二度目の第六話をプレイしている。彼の『九十九十九』のプレイ経験は実に長く、第六話2は彼にとって一〇番目のシナリオにあたる。二人目は、一人目が第五話の最後でリセットをかけ、第四話に戻ったときに同時にゲームに参入し、第七話の最後で一人目とともにリセットをかけ、いま二回目の第六話をプレイしている。彼にとって、この第六話は五番目のシナリオにあたる。三人目は、一人目と二人目が第七話の最後でともにリセットをかけたあと、つまり、ついさきほどゲームに参加したばかりである。

だとすれば、私たちは、彼ら三人の会話を、「九十九十九」というキャラクターの会話としてではなく、それを操作するプレイヤーたちの会話として読めることになる。引用箇所の会話から推測するに、二人目も三人目も、『九十九十九』への参加にあたっては、先行するプレイヤーのログ（記録）に目を通している。しかし、それを実際にプレイしたわけではない。したがって二人目は、一人目は「暗い部分を全部引き受けて体験して」「大変」だと述べる。他方で三人目は、彼が読んだログに欠損があり、また一人目のログと二人目のログが混在していたと指摘している。このように読むと、彼らの話題は実にわかりやすい。

むろん、実際には『九十九十九』はゲームではなく、そこにはプレイヤーは存在しない。したがって、それは錯覚でしかない。しかし、さきほどまでいくつもの例を挙げてきたように、現在のオタクたちの市場においては、そのような錯覚を感情移入の支点として利用する作品が数多く存在する。以上のような読みは、『九十九十九』にもまた、その同じ感情移入の構造が存在することを示している。

感情移入する主体の変化

私たちはここまで、そのような構造を抱えた作品を、「ゲーム的リアリズム」や「メタ美少女ゲーム」と呼んでいた。『九十九十九』もその分類に含まれる。しかし、読者によっては、それらの言葉はあまりにオタクのコミュニティに近いので、舞城の小説に適用することに抵抗感を覚えるかもしれない。

もしそれならば、私たちはここで、単線的な小説であるにもかかわらずゲーム的な多層性をもち、コンテンツ志向メディアであるにもかかわらずコミュニケーション志向メディアに近い思想で設計されている一群の作品を、その感情移入の場所に注目して、「**プレイヤー視点の文学**」と呼ぶことを提案してもよいだろう。その出現は、いままで繰り返してきたように、現代の物語を取り巻く環境が要請する必然である。したがってそれは、ここで『九十九十九』の例で示したように、オタクたちのコミュニティの外にも多様に拡がっている。

　近代の自然主義的な文学においては、読者はキャラクターに感情移入し、キャラクターは物語のなかで生を全《まっと》うし、物語は現実を反映していると想像された。それに対して、ポストモダンの文学、少なくともその一部の作品においては、物語と現実の反映関係が確保できないため、キャラクターの生はメタ物語的な人工環境あるいはデータベースへと拡散し、それに呼応して読者の感情移入の場所も、キャラクターからプレイヤーへと、言いかえれば物語の主体からメタ物語の主体へと移動してしまったのだ。私たちがここまで、キャラクター小説や美少女ゲームなど、オタクたちの物語を例に挙げて追跡してきたのは、そのような大きな変化の一例だと考えることができる。

16——世界を肯定すること

『九十九十九』における仕掛けの意味

『九十九十九』は、プレイヤー視点の文学として書かれている。ただし、舞城はここでは、キャラクター小説や美少女ゲームと異なり、その仕掛けを、読者を物語のなかに引き入れるためではなく、むしろその仕掛けの存在そのものを前景化し、話題化するために用いている。その理由は、前述のように、この小説が、清涼院の作品に潜在したメタミステリ的戦略を顕在化し、そのパフォーマンスをコンスタティブに語りなおすことを目的とする、特殊な「トリビュート」作品として書かれているからである。

したがって、ここでは三人の九十九十九は、ゲーム的でメタ物語的な想像力に支えられた人物として現れるだけではなく、自らを生みだしたゲーム的でメタ物語的な想像力の意味について考え、語る自己言及的な人物として描かれている。それでは、そこで彼らはなにを語っている、より正確に言えば、舞城はそこで彼らになにを語らせているのだろうか。

現実と虚構の対立

さきほども引用したように、『九十九十九』の最終章では、一人目の九十九十九が不在のときに、二人目の九十九十九が三人目に話しかける場面がある。二人目はそこで「オリジナルを殺しましょう」と提案している(42)。

二人目はなぜ一人目の死を望むのか。その理由は、一人目、すなわち『九十九十九』の中心となる語り手が、物語を進めるために、それまでの世界をつぎつぎと放棄していることにある。

いくども繰り返しているように、『九十九十九』では、章が進むごとに、前話までの内容が小説として虚構化される。そしてその各話では、九十九十九の現実、とくに家族の名前や人数が異なって描かれている。たとえば第二話では、彼は「梓《あずさ》」「泉」「ネコ」の三人の女性と同居しているが、第三話では、「栄美子《えみこ》」と事実婚の関係にあり「寛大」「誠実」「正直」の三人の子どもを儲《もう》けている。第四話では彼の妻（恋人）は「有海《うみ》」、第五話では「りえ」、第六話では「有紀」、第七話では「多香子」である。

(42)『九十九十九』、五五一頁。

この仕掛けは、本来ならば九十九十九にとって大きな意味をもたない。というのも、それぞれの物語は、異なった世界で展開する現実だからである。キャラクターとしての九十九十九にとっては、前の話や後の話で自分が別の人生を歩んでいたとしても、それは、自分を主人公とし、架空の女性との架空の生活が描かれている小説が送られてくる、という奇妙な事件を意味するにすぎない。実際に、第五話までは彼はそう感じている。

しかし、最終章＝第六話2で導入されたプレイヤーとしての九十九十九にとっては、その仕掛けは、章が進むたびに、前話で手に入れた恋人や家族が失われることを意味する。そして、二人目の九十九十九は、それが耐えられないと訴えている。「僕は僕の好きな女の子を失うことが絶対に嫌なんだ。自分の子供を失うことが絶対にできないんだ」[43]。私たちは、この訴えの意味を、ふたたび『九十九十九』をアドベンチャーゲームに見立てて理解することができる。各話ごとに「ヒロイン」が異なることを考えれば、それは美少女ゲームに見立ててもいいかもしれない。

『九十九十九』の各章では、同じ九十九十九が、それぞれ異なった女性と生活し、異なった事件に遭遇している。それらは、『ひぐらしのなく頃に』の各篇と同じく、プレイヤーが異なった選択肢を選んだがゆえに展開した、美少女ゲームの分岐であるかのように読むことができる。そしてここで、このゲームにおいてはトゥルーエンドを迎えるため、プレイヤーには、複数の分岐をクリアし、ヒロインを替えることが求められていると考えてみよう。だからこそ、一人目のプレイヤーは、第六話まで物語を進め、さらに先に進もうとしている。それに対して、二人目のプレイヤーは、この「第六話2」でゲームを終わらせたいと願っている。「この『第六話』で全て終わり。とにかく世界が終わるとき、僕が一緒にいたいのは多香子だよ。この『第六話』が終わるとき、やはり一緒にいたいのは多香子だよ」(44)。つまりは二人目は、美少女ゲームの言葉で翻訳するならば、トゥルーエンドはどうでもよいので多香子シナリオを永遠にプレイしていたい、と述べているのである。

この対立は、小説内では現実と虚構の対立とも重ねられている。最初の紹介で述べたように、『九十九十九』の世界では、九十九十九は、きわめて美しく、その美貌のために周囲の人々を失神させる人物として設定されている。そしてまた、多くの章では、彼は愛する家族に包まれて幸せに暮らしている。しかし、最終章の九十九十九たちの推測によると、それは実は、九十九十九が醜い奇形であり、母親にそのあまりの醜さのために殺されかけたという過酷な現実を覆い隠すために作られた、幻想の世界にすぎない。「僕の三つの頭は完璧な働きぶりでこの世界を徹底的に構築している。[……]僕はずっとこの安住の

(43)『九十九十九』、五五〇頁。
(44)『九十九十九』、五五二頁。

場所から脱け出そうとはせずに毎日毎日寛大と誠実と正直と遊んで女の子と恋愛してつまらない殺人事件を解決して楽しく暮らしていけるように構築されているのだ、もし僕が永遠に何も学ばず、成長しなければ」(45)。

舞城の想像力はオタクの領域からはかなり離れている。したがって、彼がこの小説で、とくにオタクたちの生を作品化しているとは考えられない。にもかかわらず、以上の整理は、舞城がこの最終章に投げ入れた人物配置が、あたかも、美少女ゲームのユーザーにその生の意味を問いかけるかのような、きわめて具体的なメッセージを帯びたものであることを示している。そして、それは、裏返せば、現代社会において、オタクたちの生が、前著と本論でここまでいくども強調してきたように、より大きな問題の雛形になっていることも示している。

現実と虚構の対立を無化する選択

三人の九十九十九の前には、現実から目を逸らすために、美少女ゲームの楽園、二〇〇〇年代のオタクの流行語で表現するならば、「脳内」に作られた「萌え」の王国が開けている。舞城はこの小説の最後で、読者に向けて、まさにその王国への態度を問う寓話を差しだしている。

一人目の九十九十九は「成長」し、ゲームを終え、現実に帰ることを選ぶ。彼は「空想と妄想だけでできている世界に閉じこもっていたくないから、自分がその世界で頼りにしていたいろんなものを殺して自立しようと」する。二人目の九十九十九は、成長を拒否し、ゲームの世界のなかに止まることを選ぶ。彼は、「恋人と子供のせいで自分の本当の姿が判らないって状態で僕は結構さ」と言い放ち、たとえそれが現実の恋人や子供ではなかったとしても、「一度愛して手に入れたものを自意識のために捨てるのは愚か者」だと考える。(46) そして、『九十九十九』の最終章の大半は、三人目の九十九十九による、そのどちらを選択するべきか、現実に帰るべきか虚構に止まるべきかの自問自答に費やされている。

それでは、三人目はどちらを選ぶのだろうか。おそらく舞城は彼に、現実への脱出でも虚構への内閉でもない、三つめの選択肢を選ばせようとしている。

ただし、その選択肢は、一人目と二人目の対立と異なり、小説のなかでそれほどはっきりとは示されていない。『九十九十九』の最後の数ページには、とりあえずは「僕は西暁に帰ると決めている」と書かれている。ここで「西暁に帰る」とは、「現実に帰る」こと

(45)『九十九十九』、五五五頁。
(46)『九十九十九』、五四九―五五〇頁。

を意味している。しかし、その直後には、「でももし僕がこれから有紀と寛大と誠実と正直の顔を見ていて離れがたくて、西暁に帰るのやっぱりやーめたと思ったとしてもそれはそれで仕方がないだろう」と書かれており、実際に最後のページは、その虚構の幸せを強く肯定する描写で終わる。「寛大と誠実と正直が、僕の悲鳴を聞いて爆笑する。有紀も笑う。義母も笑う。僕だって笑う。楽しすぎる。ここから出て行けるかどうか、本当に不安だ」[47]。結局のところ、彼が有紀を捨て、西暁に帰るのかどうかは、読者の想像に委ねられているように見える。

　しかし、本章の議論をここまで追ってきた読者であれば、この曖昧な結末の背後に隠されたメッセージを理解できるはずである。筆者はさきほど、この小説においては、桜坂や竜騎士の作品など、ゲーム的リアリズムあるいはメタ美少女ゲームの作品で潜在的に示されている構造的主題が、物語のなかで明示されていると述べた。彼らの作品は、このゲーム的でメタ物語的な想像力に満ちたポストモダンの世界において、特定の物語を選ぶことはどのような意味をもっているのか、という共通の問いへの回答を抱えている。そこで、『九十九十九』でも同じ問いが追求されていると考えて、三人目の立場を、ここまでの作品分析、とりわけ桜坂がキリヤに託した回答を鏡として読み進めてみる。

　そうすると、舞城が三人目に託した回答が、少しずつ浮かびあがってくる。私たちはさきほど、一人目と二人目の対立は現実と虚構の対立だと述べた。しかし、『All You』の読解を通過させると、その対立はまた違ったように見える。

第5節で見たように、桜坂のキリヤは、メタ物語的な宙づりとゲームの継続を拒否し、このリタとの生を選択し、現実に戻ることを選んでいる。ところが『九十九十九』では、その選択が二つの立場に分かれている。一人目の九十九十九は、ゲームの継続を拒否し、現実に戻ることを選ぶ。二人目の九十九十九は、メタ物語的な宙づり（章のあいだの移動）を拒否し、特定のこの女性との生を選択している。二人の選択は対照的だが、第5節の視点で見れば、彼らはともに選択の残酷さを引き受けていると言える。

三人目の九十九十九は、実は、この『All You』に近い視点で、一人目と二人目の対立に接している。彼が一人目と二人目のどちらにつくかを決められないのは、現実と虚構のどちらを選ぶのかを決められないからではなく、そのどちらを選んだとしても、選択が残酷であることが変わらないからである。「僕はこの世界を肯定すべきか否定すべきか、まだ迷っている。この世界を肯定すれば、［……］僕は『第七話１』の對馬多香子を裏切っていることになるのかもしれない。でもだからと言ってこの世界を否定してしまえ

(47)『九十九十九』、五九六頁、五九八頁。

ば、僕は有紀を失い寛大と誠実と正直を失うことになる。僕の胸に宿っているこの確かな愛情は宙ぶらりんになってしまう」。(48) このような視点の導入は、三人目の九十九十九にとって、現実と虚構の対立がもはや問題にならないこと、より正確に言えば、舞城がこの『九十九十九』の最終章で、その対立を無化するための選択肢を提示しようとしていることを意味している。

選択したことへの自覚

そして、以上の前提で読むと、前述した最後の場面、九十九十九が家族との虚構の団欒《だんらん》を力強く肯定する「楽しすぎる」光景も、結論の単純な先送りとは異なった意味を帯びてくる。

三人目の九十九十九はこの章で、一人目を選ぶにせよ二人目を選ぶにせよ、その選択の根拠を求めて自問自答を繰り返している。しかし、その問いは無限後退を引き起こし、決して答えに到達することがない。「でも、と僕は思う。こういうふうにぼくが神に反発することを見越して、神は有紀にその台詞を言わせたのかもしれない、と僕は思う。僕は僕の憎む神によって誘導されているのかもしれないと思う。だからさらに反発を重ねて、じゃあやっぱりこの世界を否定してやろうかと思う。でもその反発の反発もまた見越されているのかもしれない、と僕は思う」(49)。

　そこで三人目は、選択の根拠づけを断念し、とりあえずは目の前の世界を肯定することを選ぶ。彼は、「有紀と、寛大と、誠実と、正直と、義母と、六人で」「ゆっくりご飯を食べ」る。それは虚構への自閉に見えるが、多香子シナリオに執着した二人目の選択とは異なっている。なぜなら、彼は「西暁に帰ると決めている」からである。しかし、それはまた、現実に執着する一人目の選択とも異なっている。なぜなら、彼はそこで、虚構だからといって、有紀たちの存在を消してしまおうとは思わないからである。三人目の九十九十九は、一人目や二人目と異なり、あるいは「ゲームのような小説」を否定した大塚と異なり、世界の多数性の認識がこの世界の肯定を妨げると考えない。彼は、有紀たちとの幸せを選びながらも、つぎのようにあっけらかんと記している。「わいわいわいわいとやりながら、僕たちはご飯を食べる。楽しい。二人目の僕も對馬多香子とご飯を食べているかもしれない。楽しいだろう。どこかでまた別の僕もご飯を食べているかもしれない。楽しくやってて欲しい」(50)。

(48)『九十九十九』、五七〇頁―五七一頁。
(49)『九十九十九』、五七二頁―五七三頁。
(50)『九十九十九』、五九七頁。

三人目は、現実に帰るのでも虚構に止まるのでもなく、現実と虚構が混在し、物語とメタ物語が混在し、キャラクターとプレイヤーが混在した、彼の世界そのものを肯定しようとしている。その肯定の意味は、ふたたび『All You』を鏡として用いると理解しやすいかもしれない。

桜坂はキリヤを、メタ物語的な宙づりを捨て、これから残酷な選択を行うように誘導していた。その描写と対比して言えば、舞城はここで九十九十九を、これからの選択に対してではなく、むしろ彼がすでにひとつの物語を選んでしまっていること、その責任の自覚へと導こうとしているように見える。

『九十九十九』の最後の段落は、「だからとりあえず僕は今、この一瞬を永遠のものにしてみせる」という文章で始まっている。「この一瞬」の強調は、そこで舞城が問題にしているのが、もはやトゥルーエンド（現実への脱出）でも永遠のゲームプレイ（虚構への自閉）でもないことを示している。三人目の九十九十九が選んだシナリオは、グッドエンドに導かれるかもしれないし、バッドエンドに導かれるかもしれない。しかし、彼はすでに、梓でも栄美子でも有海でもりえでも多香子でもなく、有紀を選んでいる。そして、また、たとえ未来において不幸な展開が待っていたとしても、彼がそのシナリオであるとき幸せに包まれたという、その「楽しすぎる」経験は経験として残る。三人目は、現実でも虚構でも、物語でもメタ物語でもなく、その現在の選択の事実だけを信じる。「よく見ろ！目の前のものをよく見ろ！」と彼は叫ぶ。[51]『九十九十九』を締めくくる家族の団欒は、主人公の結論を先送りする消極的な場面としてではなく、そのような積極的な意見表明の場として読み解かなくてはならない。

ポストモダンにおける実存文学の可能性

私たちは、メタ物語的でゲーム的な世界に生きている。そこで、ゲームの外に出るのではなく（なぜならばゲームの外など存在しないから）、かといってゲームの内に居直るのでもなく（なぜならばそれは絶対的なものではないから）、それがゲームであることを知りつつ、そしてほかの物語の展開があることを知りつつ、しかしその物語の「一瞬」を現実として肯定せよ、これが、筆者が読むかぎりでの、『九十九十九』のひとつの結論である。

そして、その結論は、あらためて『動物化するポストモダン』の状況認識と繋げるならば、ポストモダンの「解離的」な生の問題、すなわち、大きな物語の消尽のあと、もはや自分が動物＝キャラクターでしかないことを知りながらも、それでも人間＝プレイヤーで

(51)『九十九十九』、五八六頁。

ありたいと願ってしまう私たち自身の、いささか古い言葉を使うならば「実存的な」問題と、きわめて密接に結びついている。『九十九十九』は、この点において、複雑で批評的なメタフィクションとしてとともに、きわめて素直で直接的な、新しい実存文学としても読むことができる。

そしてさらに、以上のような読解は、舞城の小説を、さらにはゲーム的リアリズムやメタ美少女ゲームの主題を、日本文学の伝統的な歴史に近づけて理解するための、別の大きなヒントも与えてくれるだろう。

最後にアイデアだけを記しておくならば、ここで筆者が思い浮かべているのは、一九七九年の『風の歌を聴け』から一九八五年の『世界の終りとハードボイルド・ワンダーランド』まで、村上春樹の初期の長篇小説を特徴づける二人の登場人物、「鼠」あるいは「影」と「僕」の対立である。

しばしば指摘されるように、村上の小説において、彼らの対立は現実と虚構の対立の隠喩になっている。たとえば、『世界の終りとハードボイルド・ワンダーランド』の物語は、「僕」が「影」の忠告を退け、虚構の世界への滞留を選ぶ場面で終了している。その有名な場面を念頭に置くと、ここまで検討してきた『九十九十九』の三組構造が、まさにその対立に、もうひとつ第三項を付け加えることで作られたように思えてくる。そして実際に、『九十九十九』はいくどか『世界の終りとハードボイルド・ワンダーランド』を示唆する文章を挟み、最終章の構成と村上の小説の類似性についても（笑いをともなってではあるが）自ら言及している。[52]

だとすれば、私たちはここで、『九十九十九』を、メタミステリへのトリビュートとして、あるいはゲーム的リアリズムの別の展開として読むこととは別に、『世界の終りとハードボイルド・ワンダーランド』の二〇〇〇年代風のリメイク、あるいは再解釈として読むことができるように思う。そしてもし、そのような読みが成立するのだとすれば、私たちはそこから、自然主義的リアリズムとまんが・アニメ的リアリズムの境界を超え、一九八〇年代の村上と二〇〇〇年代の舞城を結ぶ連続性を取り出し、それを軸として、第1章の第10節で予告した「まったく新しい日本文学史」を具体的に書き始めることができるように思う。そこには、伝統的な文芸評論がいままでまったく目を向けてこなかった、**寓話的で幻想的でメタ物語的なポストモダンの実存文学**の系譜が記されることになるのかもし

(52)　たとえば『九十九十九』の五二〇頁には、「そして七つ目の《教会》は村上春樹なのだ」という台詞がある。ここで「教会」は各章の見立て対象を意味しているので、これは文字どおりには、第七話は村上作品の見立てで書かれたということを意味する。実際にはその言及全体がパロディとして書かれているので、これをもって『九十九十九』の読解の基盤とすることはできない。しかし、少なくともその言及は、舞城が村上作品を意識していることは示している。「世界の終わり」については、ほか三三七頁以下の記述も参照。

れない。

とはいえ、それらの問題を検討するのは、また別の機会に譲ることにしよう。とりあえずは筆者は、本書の議論で、二〇〇〇年代の物語はどのような状況にあり、どこに向かっているのか、そしてその分析にはどのような概念が必要で、それらの概念は批評の場でどう使われるべきなのか、かなりのていど明らかにしたことと思う。『動物化するポストモダン』の社会的な状況認識は、本書によって個別的な作品分析と接合されることとなった。読者はここから、かなり自由に、多様な批評の言説へと踏み出すことができるはずである。これ以降の展開は、ふたたび読者の手に委ねたい。

付録

付録A
不純さに憑かれたミステリ――清涼院流水について

初出：文庫版解説。清涼院流水『カーニバル　二輪の草』、講談社文庫、二〇〇三年。文中の現在は二〇〇三年。

清涼院流水は、二〇世紀末の日本のエンターテインメント業界が生み出した、もっとも異形《いぎょう》で、もっとも注目すべき才能のひとりである。英数字とルビが入り乱れ、駄洒落やアナグラムが乱舞し、固有名の深読み（推理？）が次から次へと提示されるこの作家の文章には、なにか異様な迫力がある。その情熱はプロットの中心を占めるばかりか、ときに書籍の構造すら規定している。

たとえば、本書の前篇にあたる『コズミック』と『ジョーカー』の二部作は、文庫版では、『コズミック　流』『ジョーカー　清』『ジョーカー　涼』『コズミック　水』の四冊に分けられこの順番で出版されている。つまり、第一作が二つのパートに分けられ、それらが第二部をサンドイッチのように挟みこむようにデザインされている。なんのことかと思えば、これは、清涼院流水＝清涼in流水という駄洒落である。この例に限らず、清涼院の小説は、文体から物語の進行、さらには出版計画まで含め、大部分が、このような語呂合わせを実現するためにこそ作られている。

この特徴は、当初、多くのミステリファンの不興を買う原因となった。それは従来のミステリへの冒瀆《ぼうとく》、あるいは、新本格以来のミステリ・ブームにただ乗りした悪ふざけのように受け取られたからだ。しかし、デビューから六年以上が経過したいまでは明らかなように、その「悪ふざけ」は、決して一時の気の迷いというものではなく、むしろこの作家の本質的な条件をなしている。

清涼院は、密室の数を一二〇〇に、犠牲者の数を一〇億にまで肥大させ、「ジン推理」だの「悟理夢中」だの「神通理気」だのといった駄洒落推理を頻発させる。それは、おそらくは、伝統的なミステリを特徴づけてきた論理性やゲーム性に対する批判といった消極的な動機から生まれたものではない。彼はもっと本気である。清涼院は、そのような荒無稽さにしか、物語の中核となるリアリティを感じることができない。彼は、大多数のミステリ作家が「九十九十九」や「ピラミッド・水野」といった名前の登場人物を使ってまともな小説など書けるわけがないと感じるのとまったく同じように、ありふれた固有名、現実的な状況設定、論理的な解決を使ってまともな「大説」(これは清涼院自身が自らの作品に与えている総称である)など書けるわけがないと感じている。それは一種の病あるいは狂気である。

ところでここで注目すべきは、清涼院のその病＝狂気が、徹底して、言葉、より正確には、後述するようなキャラクター的でサブカルチャー的な「記号」の水準で展開されているという点である。彼の想像力はいかにも荒唐無稽だが、それは言語を離れた対象物をもたない。上記のような駄洒落がわかりやすい例だが、それにかぎらない。たとえば、九十九十九の「究極の美貌」や鴉城《あじろ》蒼司の「超絶推理」がどのように「究極」で「超絶」なのか、具体的なイメージが湧くように描写されることはほとんどない。そこにあるのは、言葉、というより、「ここは究極ということにしてください」という読者への指示だけなのだ。

この点もまた、当初はミステリファンの不興を買った。しかし、ある機会に清涼院自身が説明しているように、その欠如はむしろ意図的な選択である。彼は、自分の想像力の広がりを、徹底して言葉あるいは記号の世界のなかに閉じこめようとしている。『コズミック』にしても『ジョーカー』にしても、その「解決」は言葉のトリックを離れては成立しない。したがって、この作家の小説は、表面的な印象と異なり、コミック化や映像化に本質的に適さないようにも思われる。

清涼院の想像力は現実から遊離している。そして記号の群れのなかに閉じこめられている。この特徴は、彼がデビューした時代においては異彩を放っている。一九九〇年代はしばしば社会学と心理学の時代と言われる。それは、豊かな消費社会が謳歌され、「記号の戯れ」に覆われた一九八〇年代とは対照的に、長く続く不況のなか、人々が「現実」の手触りばかりを渇望し続けた貧しい時代である。この時期、とりわけ後半の五年間には、純文学とエンターテインメントとを問わず、社会学者や心理学者が喜びそうな小説が数多く書かれた。たとえば、未成年の犯罪者やアダルト・チルドレンやひきこもりを主人公にして、彼らの「リアル」を反映し、読者に「癒し」を与えると喧伝《けんでん》された無数の作品が現れた。というよりも、そのような作品ばかりが出版された。清涼院の作品は、そのような空気から遠く離れている。

にもかかわらず、では清涼院のその独特の記号志向が、まったく時代性や社会性を帯びない突然変異かとすれば、そう捉えるのもまた間違っている。彼の作りあげた世界は確かに現実から遊離しているが、その「現実から遊離している」という点でこそ、それは、私たちの現実、というより、私たちの言葉と現実との関係を鋭敏に写しとっていると言えるからだ。

清涼院の異形さがなにを意味するかについては、いまだほとんど批評が現れていない。そのなかで唯一参考になるのは、『物語の体操』や「サブカルチャー文学論」ほか、ここ数年、大塚英志が随所で断片的に行っている清涼院への言及である。彼は本書と同じ講談社文庫版『ジョーカー』にも短い解説を寄せており、そこでは、「『日本語』のリアリズムから意図して乖離《かいり》し、探偵小説的リアリズムで世界を埋め尽くすことで彼［＝清涼院］は新しい小説の形を示そうとしたように思う」と述べている。ここでカギカッコつきで「日本語」と呼ばれているものは、いわゆる純文学を規範とする、自然主義的で私小説的な言文一致体のことである。対して「探偵小説的リアリズム」と呼ばれているものは、別の機会では「まんが・アニメ的リアリズム」とも呼ばれ、一九七〇年代に現れ始めた、キャラクターを中核とするサブカルチャー的な想像力を意味する。

詳しくは大塚自身の著作を見ていただきたいが、自然主義的な日本語は最初から大きな歪《ゆが》みを抱えており、したがってもともとリアリティを喪《うしな》っている、近年の純文学が力を失い、かわりに「まんが・アニメ的リアリズム」を採用したライトノベルが勃興している背景にはそのような構造がある、というのが彼の歴史認識である。

若い読者がコミックやアニメやミステリに耽溺《たんでき》するのは、何も現実から目を逸らすためだけではない。彼らの多くは、その「現実」を構成する日本語、文学や報道や学問の言説が織りなす自然主義のフレームに決定的な嘘くささを感じ、だからこそキャラクター小説に殺到している。おそらくその原因にはやはり一九九〇年代の不況や社会不安があるが、彼らにおいては、その不安は、いわゆる「リアル」な社会派小説への渇望ではなく、リアリティそのものへの不信として現れたのだ。サブカルチャーの記号に塗りこめられ、自然主義的な描写をできるだけ回避して作りあげられている清涼院の作品は、そのような大きな流れの、いまのところもっとも先鋭的な事例として捉えられる。通常の小説が自然主義のリアリティに基づいているとすれば、「流水大説」は記号のリアリティに基づいているとでも整理できるだろう。

清涼院の病＝狂気は、ある角度から見ると、きわめて時代的で社会的な病理と捉えることができる。そしてそれはまた、明治以降の日本語の長く複雑な歴史にも連なっている。読者によっては、本書のようなお気楽なファンタジーをなにもそこまで深読みしなくても、と感じるかもしれない。その疑問はもっともだ。しかし、それでも言い訳を記しておけば、多少とも批評や評論に手を出したひとならばだれもが痛感するように、もっとも皮相的で浅薄に見える作品や場所にこそ実はもっとも複雑で深刻な問題が宿ってしまう、それが、文学にかぎらず、この国の文化一般の条件なのである。その泥沼のような世界を、美術批評家の椹木野衣《さわらぎのい》は「悪い場所」と名づけた。清涼院はその条件を一身に担っている。

もう少し書き散らしておこう。清涼院の小説は、以上のように、自然主義的「現実」から遠く離れた新しいリアリティへの沈潜、そしてそれを構成する「まんが・アニメ的」記号の群れへの、ほとんど狂気を思わせる執着で特徴づけられる。彼の作品が駄洒落で満ちているのはそのためだ。しかし、より細かく見ると、そこにはもうひとつ重要な特徴が窺える。

清涼院がデビューしたのは一九九六年である。それから六年以上が経過したいま、彼の作品に限らず、伝統的な「現実」から乖離した、記号的なリアリティに基づいて書かれた小説は増殖の一途にある。いまはまだそれらは、ミステリやSFやファンタジーなど、既存のジャンルに寄生するかたちで生産され消費されている。しかし、印刷媒体の外に目を向けてみると、その手法はすでにアニメやゲームのシナリオの大半を満たしているし、インターネットを舞台とした新しい創作・読書経験もその拡大を後押ししている。サブカルチャー的な記号と指標に基づいた想像力が文学の主流になだれこんでくる日も、もはやそれほど遠くないだろう。

ところでここで興味深いのは、その記号的なリアリティに基づく新しい想像力が、しばしば、一種の「純粋さ」を目指すという事態である。自然主義の足枷《あしかせ》から解放され、面倒な情景描写や人物設定をする必要を感じない若い作家たちは、その多くが、読者への刺激を最大かつ最速にするため、サブカルチャー的な記号をできるだけ効率よく配置しようと試み始めている。つまりは、分かりやすい特徴を備えた印象的なキャラクターと、同じく分かりやすい展開を備えた類型的な物語を組み合わせ、そのうえでいかにディテールを積みあげて読者の心を動かすか、という点に作家の関心が移っている。

小説の例ではないが、筆者がここで念頭に置いているのは、Ｋｅｙ（麻枝准ほか）が制作した二〇〇〇年のゲーム『ＡＩＲ』や、新海誠が制作した二〇〇二年のアニメ『ほしのこえ』に集約されている静謐《せいひつ》な作品世界である。この両作はともに一〇代と二〇代の大きな支持を集めたが、そこに共通するのは、不必要な情報を慎重に削除し（たとえば、『ＡＩＲ』の主人公がどのような人生を歩んできたのか、『ほしのこえ』の戦争がどのような組織に担われているのか、そんな情報はどこにも示されない、おそらく裏設定としても存在しない）、いわば「設定ゼロ」の空間を作りあげたうえで、登場人物のあいだで交わされるコミュニケーションとディスコミュニケーションを丹念に描き出す抽象的な手続きである。

自然主義の想像力が言葉と現実の関係を軸として展開したのだとすれば、この新しい「まんが・アニメ的」想像力は、記号と情動の関係を軸として展開する。言葉と現実のあいだに入りこむノイズを慎重に排除し、言葉が忠実に現実を反映しているかのように見える小説こそが自然主義における傑作と呼ばれるのだとすれば、『AIR』と『ほしのこえ』の物語は、記号と情動のあいだに入りこむノイズを慎重に排除し、記号がただちに情動に直結しているかのような世界を作りあげたという点で、新しいリアリズムが向かうべき方向のひとつをはっきりと示している。

しかし、清涼院の小説の印象は、文体的にも設定的にも物語的にも、このような静謐さとはまさに対極に位置する。文章は駄洒落や語呂合わせに満ちあふれている。人物や事件のひとつひとつには膨大な裏設定が組みこまれているらしく、作家自身が攻略本を作ってもらいたいと明言している。登場人物の数はおそろしく多く、物語も荒唐無稽なまでに長い。「カーニバル」シリーズは、ノベルス版では三分冊で原稿用紙四〇〇〇枚を超えている。不必要な情報を排除するどころか、清涼院はむしろ、不必要な情報こそ貪欲に取りこんでいる。

たとえば本書の地の文には、しばしば、二〇〇一年に生じた米国同時多発テロ事件、いわゆる「9・11」の名が見られる。この言及は、言うまでもなく、一九九九年のノベルス版では存在しなかった。しかしそのような新しい「設定」は、とくに現実世界との繋がりを意味するものではない。それはむしろ、ノベルス版の『カーニバル』である事件が起きるのが、一九九六年八月一〇日、つまり「8・10」に設定されていたという偶然に依存している。9・11と8・10の言葉の近さが、そこになんら実質的な意味はないにもかかわらず、清涼院の連想を喚起し、彼の世界をいちだんと荒唐無稽なものに変えてしまう。このように、彼の小説のなかには、駄洒落や語呂合わせの回路を通って、先行ミステリの引用から歴史や地理の雑学、ワイドショーから国際ニュースまで、あらゆる雑多な情報が虚構化され記号化されて無秩序に侵入している。それは、同じように自然主義的な現実への不信に貫かれ、同じように記号的なリアリティを目指していながら、前述した麻枝や新海が作りあげるものとはまったく異なった世界である。

清涼院が「大説」という名のもとに試みているのは、設定ゼロどころか、いわば「設定無限大」の物語、言いかえれば、徹底して不純で猥雑《わいざつ》な世界だ。『AIR』や『ほしのこえ』は、記号と情動のあいだのノイズができるだけ最小になるように、慎重に計算されて作られている。だからそれは、ある順序で、ある方法で鑑賞することが求められる。しかしノイズに満ち満ちた清涼院の作品は、もはやどのような方法で鑑賞しようが知ったことではない。だからこの一連の文庫版では、『コズミック』も『ジョーカー』も『カーニバル』も、それぞれ作品の単位すら分解され、再配置され、ときに大幅に書きかえられて提供される。麻枝や新海は、おそらくは、このように大胆な修正作業は決して行わないだろうし、また行いたいとも思わないだろう。

清涼院は記号的なリアリティを目指しているだけではない。彼はそのなかで不純さと猥雑さを目指している。というよりも、それに取り憑かれている。これはきわめて珍しい才能である。

さきほども記したように、大塚が「まんが・アニメ的リアリズム」と呼んだ新しい想像力をめぐる状況は、ここ五、六年で大きく変貌している。筆者は、編集者との打ち合わせなど非公式な場では、その状況を指すために、杜撰《ずさん》さを承知でときに「上遠野浩平・清涼院流水以降」という括りを使うことがある。一九九八年にデビューし、有名な「ブギーポップ」シリーズを生み出した上遠野もまた、記号的なリアリティをライトノベルに持ちこんだ代表的な作家だからである。とはいえ、この二人は、資質や作風だけではなく、その立ち位置も大きく異なる。麻枝や新海が代表し、彼らがそのひとつの理想を提示してみせた「純粋」な世界への志向は、ひとりひとりの作者や読者がそれを意識しているかどうかはともかく、広く見れば初期の上遠野の端正な創作手法を継承したものだと考えることができる。しかし、清涼院の荒唐無稽さや不純さや猥雑さがどこでだれによって継承されるのか、その行方はほとんど分からない。少なくとも筆者は、勉強不足のせいかもしれないが、『コズミック』や『カーニバル』に似たような作品をほかに読んだことがない。

上遠野浩平と清涼院流水という二つの焦点をもつ楕円の世界、記号的／アニメ的／データベース的想像力の領域は、いまきわめてアンバランスな状態で成長し安定しつつある。この状態が続くかぎりにおいて、筆者は、ひとりの読者、というよりもひとりの批評家として、清涼院の「大説」を応援し続けるだろう。

付録B
萌えの手前、不能性に止まること——『AIR』について

初出：東浩紀（編）『美少女ゲームの臨界点』、波状言論、二〇〇四年。同書はコミックマーケット66で頒布した自費出版評編集。筆者の評論のほかにも、ササキバラ・ゴウのインタビュー、更科修一郎、元長柾木、佐藤心の評論が収録されており、原稿は多分にその文脈を意識している。文中の現在は二〇〇四年。註釈の一部を改稿。

1

二〇〇〇年にKeyが発表した『AIR』は、「泣きゲー」「萌えゲー」といったわかりやすいレッテルとは裏腹に、実は美少女ゲームの本質を揺るがすきわめて「批評的」な作品だった。以下の議論では、その批評性の意味と、そこで顕在化した美少女ゲームの条件について論じる。なお、本論ではネタバレへの配慮は行っていないので、読者はそのことをあらかじめ承知されたい。

まずは『AIR』の物語を確認しておこう。このゲームは三部構成になっており、第二部「SUMMER」篇は第一部「DREAM」篇の前日談で、第三部「AIR」篇(正確にはその大部分)は同じく後日談という位置づけになっている。第一部と第二部・第三部ではゲームとしての性格が大きく異なり、前者は三人(数えかたによれば四人)の女性キャラクターの「攻略」が可能な通常のノベルゲームの形式だが、後者は選択肢がほとんどない単線的な物語として展開され、性行為の場面も数少なく、常識的に美少女ゲームに期待される娯楽性をかなり失っている。この構造は一部のユーザーの反感を買ったが、他方ではきわめて強い支持を獲得した。

このような構造から予想されるように、『AIR』のクライマックスは第三部で展開される。そこでは、メインヒロインである「神尾観鈴《みすず》」以外の攻略可能な女性キャラクターはほとんど登場せず、プレイヤーは、観鈴とその叔母=「神尾晴子」が絆を深めていく過程を、長時間にわたって読むだけである。

第一部の観鈴シナリオから第三部へと繋がる物語の中心は、海辺の小さな街で、夏休みのあいだ展開される観鈴と晴子の人間関係である。それは作品内では「家族ごっこ」と呼ばれている。そのような「家族ごっこ」が必要になったのは、第一部で明らかにされるように、観鈴の母親が死に、父親が無責任な人物だったからだ。観鈴の父親はいくどかシナリオ内に登場するが、晴子によって、二人の関係に立ち入ることを拒否されている。父の不在を前提として、直接の血の繋がりのない女性二人で「家族」を作りあげること、それが彼女たちの目的である。

しかし、その試みは多くの障害にぶつかることになる。晴子はもともと酒浸りの生活を送る生活破綻者だったし、観鈴は原因不明の難病を抱えている。第一部の観鈴シナリオでは、視点人物である「国崎往人《ゆきと》」がそのような障害を解決する新しい希望として登場するが、彼は最後で、観鈴の命を救うために二人の前から姿を消してしまう（作品内では、「法術」と呼ばれる超自然的な力を用いることになっている）。第三部を通して私たちが読むことになるのは、その努力にもかかわらず、観鈴の病はますます重くなり、記憶や言語能力まで失ってしまう過程である。それでも観鈴と晴子は「家族ごっこ」を維持しようと努力するが、その試みは、結局、観鈴の死というかたちで突然の終わりを迎えることになる。第三部の最後、記憶と言語能力を奇跡のように回復した観鈴は、笑顔で「幸せだった」と言い残して死んでいくが、その幸せの時間はあまりに短い。

このように『AIR』は、物語としては、父の不在あるいは無能力のうえで新しい「家族」の構築を試み、そして失敗する作品だと要約できる。本論の趣旨から外れるので詳しい紹介は省略するが、第二部のシナリオもまた、時代設定が異なるだけで第一部・第三部のものと同工異曲になっており、基本的な特徴は変わらない。第二部では、観鈴の病の原因となっている伝奇的な設定（「翼人」の物語）が、一〇〇〇年前の日本を舞台に展開される。そこで視点人物となる「柳也《りゅうや》」は、第一部の観鈴に相当する「神奈《かんな》」、および晴子に相当するキャラクター「裏葉《うらは》」と出会い、彼女たちと家族を作ろうとするが、その試みは同じように失敗に終わっている。

しかし、この作品で真に重要なのは、シナリオのレベルで強調されているこの「父の不在」のテーマが、システムの工夫を利用して、「プレイヤーの不在」というもうひとつのテーマと重ね合わされている点である。

『ＡＩＲ』は前述のように三部構成を取っているが、そこには実はアクロバティックな仕掛けが施されている。第三部は第一部の後日談なのだが、それは単に追加のシナリオとして挿入されるのではない。第三部ではプレイヤーは、第一部と同じ場所と時間に、第一部とは異なった視点を通して再来する設定になっている。具体的には、プレイヤーは、第一部で往人として辿った物語を、「そら」という名のカラスの視点になって再体験する。そして、今度はカラスの視点なので、往人が観鈴と晴子の前から姿を消したあとも、物語の続きを見ることができる。その結果眺めることになるのが、上述した「家族ごっこ」の失敗である。

この仕掛けは、『ＡＩＲ』で無力な存在として退けられているものが、物語のなかに登場するキャラクターだけではなく、その物語を操作し、読んでいる私たち＝プレイヤー自身でもあることを意味している。

詳しく見てみよう。まず第一部では、プレイヤーは、往人に同一化して観鈴と晴子に近づいていく。そこでプレイヤー＝往人に期待されているのは、彼女たちと「家族」になること、つまりは観鈴の父親的な存在になることである。(1)ところが、彼らの疑似家族的な関係が動き始めた途端に、さきほども述べたように、往人は姿を消さざるをえなくなってしまう。プレイヤー＝往人が観鈴の父親になる可能性は、避けようもなく断ち切られる。私たちはここで、まずいちど挫折を経験する。

第三部では、プレイヤーはカラスの視点を通して戻ってくる。私たちはここで二度目の挫折を経験するのだが、その経験はより厳しいものになっている。プレイヤーはカラスの視点を借りているので、シナリオ内では観鈴と晴子の関係にまったく入りこめない。システム的にも、この後日談には、プレイヤー＝カラスの作品内世界への介入手段である選択肢がほとんど用意されていない。プレイヤー＝カラスは、彼らの関係への介入可能性を何重にも断たれたまま、目の前で起こる悲劇を「見る」ことしかできない。裏返して言えば、もしプレイヤーがこの第三部でも往人のような人間のキャラクターとして作品内世界に入りこめていたのならば、彼女たちの苦しみも多少は和らいだことだろう。ここで無力なのは、プレイヤーが同一化した視点人物＝往人ではなく、その視点人物＝往人と同一化できないプレイヤーのほうなのだ。

第一部でも第三部でも、私たちは観鈴を救うことができない。しかし、第一部ではプレイヤーは少なくとも作品内世界に入りこめたが、第三部ではそこに入りこむことすらできない。第一部の挫折は、往人が観鈴の父親になろうとしたことで生じたが、第三部の挫折は、プレイヤーがキャラクターを救おうとすることそのものの段階で生じている。キャラクターのレベルでいちど経験させた挫折を、ふたたびプレイヤーのレベルで経験させ、往人の無力感を私たち自身の無力感とより直接に結びつけること。『ＡＩＲ』が、シナリオ重視の叙情的な作風にもかかわらずあえてメタフィクション的な構成を採用したのは、このような戦略のためだと考えるべきである。

（1）『ＡＩＲ』はいわゆる「18禁」ゲームなので、往人と観鈴のあいだに性行為の場面がある。したがって親娘関係の隠喩は誤りだと考える読者もいるかもしれないが、これは単純にジャンルの規則に要請されたものであり、深く考える必要はない。『ＡＩＲ』のシナリオにおいて（そして、本文では触れられなかったが、より広く麻枝准のシナリオ一般において）もっとも注意深く描写されているのは、家族愛であり男女間の性愛ではない。いずれにせよ、『ＡＩＲ』は全年齢対象版も販売されており、そちらではこの特徴は明確になる。（初出時の注）

2

シナリオのレベルで『ＡＩＲ』を貫く「父の不在」というテーマ、そしてそれをシステムのレベルで裏打ちする「プレイヤーの不在」というテーマの二重奏は、この作品の批評性を際だたせている。

その批評性とはいかなるものなのか。それを理解するためには、『ＡＩＲ』がその一部である「美少女ゲーム」という厄介なジャンルの特性について、あらためて頭を整理しておく必要がある。そもそも美少女ゲームとはなにか。

その答えは常識的には簡単である。一部のユーザーがこのジャンルに寄せる大きな期待にもかかわらず、むかしもいまも、美少女ゲームの社会的なイメージはほとんど変わらない。それは「現実でモテないオタクが虚構のなかで女の子を征服するゲーム」というものであり、そしてその認識もある本質は突いている。

美少女ゲームの大部分は、男性のプレイヤーが、同じく男性の視点人物に同一化し、作品内世界で女性キャラクターと性行為することを目的として作りあげられている。シナリオにアクションや伝奇の要素が入ろうが、構造がメタフィクション化しようが、この大枠は変わらない。そして、このジャンルが一般のポルノメディアと大きく異なるのは、インタラクティブなゲームプレイという過程があるため、受動的な性的刺激（映像、音声）よりも、プレイヤーが能動的に得る疑似的な人生経験のほうがはるかに重視されるという点である（例外も多いが、ノベル系のゲームではその傾向が強い）。性行為の場面は、しばしば、その人生経験のひとつとして付随的に挿入されるにすぎない。したがって、美少女ゲームとは、まずは、プレイヤーを男性の等身大のキャラクターに同一化させ、仮想空間のなかで異性の承認を与え、「モテる男」にしてあげる、すなわち「父」にさせるジャンルだと定義づけることができる。

父にさせる、という表現は、ここでは、恋愛し、結婚し、子どもをもうける経験を提供するといった意味だけではなく、より抽象的に理解してもらいたい。美少女ゲームのプレイヤーは、ゲームプレイを通じて、異性と出会い、恋愛をし、挫折を経験し、大人の男性になる。「父になる」とは、そのような成長の過程一般を指している。そして、そのような疑似的な人生経験を与える点で、美少女ゲームは、本質的に青春小説に近づく傾向を備えている。実際に現在の美少女ゲームのユーザーは、『ファウスト』第三号の編集方針が示しているように、西尾維新や滝本竜彦など、ライトノベルの新しい流れの読者と大きく重なっている。

とはいえ、この理解だけでは単純すぎる。そこで、ここではさらに、ササキバラ・ゴウの美少女ゲーム論を参照してみよう。彼は『新現実』第二号に寄せた論考で、美少女ゲームを、「恋愛というドラマを通じて、プレイヤーに自らの責任や主体性というものを疑似的に体験させ」、「わたしとしてのリアリティ」を提供するジャンルだと定義づけるとともに、「女の子の内面に〈可傷性〉を見出し、そのようなかたちで自分の暴力性に気づいた男の子」が、「そのような抑圧をエロゲー（＝攻略可能キャラ）というお約束ごとによって解除し、安心して〈陵辱《りょうじょく》の視線〉をさまよわせることを保証する」ジャンルだとも指摘している。[2]

ササキバラはここで、美少女ゲームのもつ厄介な二面性を鋭く抉りだしている。彼が最近出版した『〈美少女〉の現代史』は、一九七〇年代以降の日本の男性が、政治的理想や経済的成功のような主体性の基盤（大きな物語）を失い、かつてのような「オヤジ的」身振りに耐えられなくなっていく過程を、サブカルチャーの視角から捉えた貴重な仕事である。ササキバラの理解では、一九九〇年代における美少女ゲームの隆盛は、「二四年組」の少女マンガ家や村上春樹の人気と同じように、基本的にはそのような変化の帰結として捉えられる。

ただし、その役割は、二四年組や村上の作品に較べて両義的である。オタクたちは、強い主体性や男性性を獲得できず、現実の社会を満たしているオヤジ的な、フェミニズムの言葉を借りるならば「家父長制的」な暴力を担えない。だからこそ、「わたしとしてのリアリティ」を保証してくれるキャラクターとの二者関係を必要とする。しかし同時にそこでは、対象がキャラクターであるがゆえに、まさに暴力的な性の幻想を解放することが許される（ササキバラが例として挙げているのは、二〇〇一年にâge《アージュ》が発売した『君が望む永遠』である）。その結果、二〇〇〇年代の美少女ゲームは、無自覚にオヤジの世界に参入できない、さきほどの言葉で言えば「父」にはなれない繊細な若者に訴えかける文学的で内面的なジャンルとして発達しながらも、同時に彼らに、オヤジ的な性の解放区を提供するという矛盾する特徴を備えてしまっている。

二四年組や村上の作品は反家父長制的な感覚に支えられていた。それに倣うならば、現在の美少女ゲームは、反家父長制的かつ超家父長制的な感覚に支えられたジャンルだと言うことができる。そこでは、プレイヤーは、オヤジになれない弱さを自己肯定してもらうとともに、オヤジ以上にオヤジ的に振る舞うことができる。美少女ゲームを、単純に「父にさせる」ジャンル、すなわち家父長制補完的なジャンルだと捉えるだけでは不十分なのは、このような二面性を捉え損なうからだ。[3]

（2）「傷つける性　団塊の世代からおたく世代へ」、一〇七頁、一〇九頁。（初出時の注）

3

　ところで、ササキバラは指摘していないが、この二面性は、物語世界外のプレイヤーと物語世界内のキャラクターが解離しつつ重なりあう、媒体としてのゲームの特徴から必然的に導き出されたものだと考えることができる。

　美少女ゲームのプレイヤーは、視点人物と同一化し、物語世界内に埋没《まいぼつ》しているときには、女性キャラクターの反応に一喜一憂し、「わたしとしてのリアリティ」を捜し求め繊細な疑似恋愛を生きている。そこでは私たちは、自分自身キャラクターとなって、一回かぎりの人生を歩んでいる（少なくともそう錯覚している）。だからこそ、ササキバラが注目したような「責任や主体性」の感覚が生じる。

　しかし、他方で、物語世界内への埋没から離れ、プレイヤーとして複数のシナリオを俯瞰し、コンプリートを目標としてセーブデータの効率的な管理に頭を悩ませているときには、キャラクターはもはや単純な攻略対象でしかない。そこでは私たちは、虚構の外部にいる人間として、キャラクターの身体（グラフィック）に対してなんの罪悪感も抱かずに性的視線を向けることができる。美少女ゲームは、プレイヤーが視点キャラクターと同一化している（物語世界内にいる）ときには反家父長制的に機能し、プレイヤーがプレイヤー視点に止まっている（物語世界外にいる）ときには超家父長制的に機能するような、そういう二面性あるいは二層性を備えているわけだ。

『AIR』の批評性は、美少女ゲームの本質をこのように捉えてはじめて十分に理解できる。すでに述べたように、この作品は、物語世界内で明示されている「父の不在」というテーマと、物語世界外で仕掛けられた「プレイヤーの不在」というもうひとつのテーマの、レベルを横断した二重奏で特徴づけられる。プレイヤーが美少女ゲームに対して向ける欲望は、そこでは二つのレベルで同時に脱臼《だっきゅう》されている。そして、そのような二重の構造が必要とされたのは、美少女ゲームそのものが、キャラクター・レベルの反家父長制性とプレイヤー・レベルの超家父長制性という対照的な志向性に引き裂かれた、矛盾するジャンルだからにほかならない。

具体的に見ていこう。『AIR』は第一部で、観鈴を救えない往人の無力さを突きつける。そのシナリオそのものが、すでに、家父長制補完的な物語、更科《さらしな》修一郎の言う「零落したマッチョイズム」(4)を無自覚に反復しているほとんどの美少女ゲームに較べれば、はるかに繊細で批評的だと言える。

(3) 筆者はこの論文の直前に、あるエッセイで、まさに「美少女ゲームを、単純に「父にさせる」ジャンル、すなわち家父長制補完的なジャンル」だと捉える文章を記している。この論文はその訂正のために書かれたものでもあった。(本書収録時の注)

(4) 更科修一郎、「『雫』の時代、青の時代。」参照。(初出時の注)

しかし、そこでプレイヤーが経験するのは、あくまでも往人がキャラクターの世界で経験した挫折にすぎない。プレイヤー自身の全能感は傷つかない。というのも、ササキバラが指摘したように、美少女ゲームの二層的な構造は、キャラクター・レベルで「責任」を突きつける繊細な物語を、プレイヤー・レベルでの無責任な振る舞いを可能にする口実として機能させてしまうからである。

『動物化するポストモダン』で記したように、[5]美少女ゲームのユーザーは、ひとりのキャラクターと疑似的に恋愛し、泣き、笑い、責任を感じておきながら、同時にほかのキャラクターにも萌えることができる。その節操のなさ、同書の表現を借りれば「解離」（多重人格性）が彼らの本質である。そのメンタリティは思春期の男性であればだれでも備えているものだが、キャラクター・レベルとプレイヤー・レベルの分離を特徴とする美少女ゲームは、その解離を構造的に強化してしまう。

解離を解離のまま受け入れること、自らの分裂をはっきり認識することは、ひとつの倫理へと繋がる。しかし、オタクたちの多くは、むしろ、その分裂を強引に埋め、アイデンティティを捏造《ねつぞう》している。そこでしばしば使われるのが、「ダメ」という言葉である。[6]私たちは「ダメ」だから、父になるつもりはないけれどオヤジ的欲望は抑えられない、と彼らは自虐的に語る。彼らは、二つの基準のあいだを恣意的に往復し、一方では少女マンガ的な内面に感情移入しながら、他方では一般のポルノメディアをはるかに凌駕《りょうが》する性的妄想に身を委ねる。そんな「ダメ」なオタクたちが主導する美少女ゲームの市場においては、往人と観鈴の繊細で叙情的な物語も、萌えの契機のひとつとして、欲望のデータベース、元長柾木が『未来にキスを』(7)で皮肉を込めて「楽園」と呼んだ世界を強化する役割しかはたさない。

(5)『動物化するポストモダン』、一二二頁以下。(初出時の注)

(6) 森川嘉一郎、「オタク二〇周年に寄せて」。オタクたちの分裂したメンタリティを再縫合し、アイデンティティを捏造する「ダメ」という言葉の便利な機能は、森川のこの短いエッセイに端的に示されている。彼はここで「〈ダメ〉指向のオタクたちが向かった先に、〈日本〉が見出されたのである」と記し、その認識のもとで第九回ヴェネチア・ビエンナーレ国際建築展での日本館の「おたく」展のキュレーションに向かっている。本文でものち触れるように、「ダメ」の論理は、自らの脱社会性(反家父長制的感性)を強調しながらも、裏では、保守的で権威的で、ときに愛国主義的な欲望(超家父長制的感性)を密輸入する厄介な性質をもっている。(初出時の注)

(7)『未来にキスを』、エンディング・ロール。筆者は第2章で、メタ美少女ゲームの例としてこの作品にも名前だけ触れている。元長柾木が企画とシナリオを担当したこの作品は、グラフィックにおいてプレイヤーを過剰なまでにポルノグラフィックな視線に導きながらも、シナリオにおいては美少女ゲームの条件について自己言及的な懐疑が繰り返す独特の構造をもっており、メタ美少女ゲームのなかでも異彩を放っている。この作品に記された台詞は、『動物化するポストモダン』の主張と深く呼応しており、その点でも興味深い。ここで参照したエンディング・ロールには、つぎのような言葉が流れている。「俺たちもまた、もう人間ではない何かへと変化してしまった。そこは、欲望あふれる荒野だ。ただキャラクターがいて、ゲームがあるだけ。キャラクターたちがただゲームを繰り広げる、この新しい世界。そんな世界へと、俺たちは今、足を踏み出そうとしている。そう。圧倒的な楽園に向けて」。(本書収録時の注)

『AIR』の第三部は、まさに、この「ダメ」の論理、責任と無責任、叙情と欲情、繊細さと暴力、反家父長制的感性（脱社会性）と超家父長制的感性（保守性）の境界を限りなく曖昧にしてしまう自己欺瞞を解体するものとして現れる。

ササキバラは、美少女ゲームの二層性が可能にする主体性を、「視線としての私」というキーワードで捉えていた。[8] 現実の性的コミュニケーションとは異なり、美少女ゲームのプレイヤーは、女性キャラクターと決して同じ世界に生きることがないがゆえに、逆に「見られずに見る」「透明な存在」として彼女たちに自由に欲望を向けることができる。その透明性は、『AIR』の第三部に登場するカラスを連想させる。前述のようにこのカラスは、第一部の視点人物の行動を眺めることができる、いわばメタレベルの視点キャラクターである。そして、シナリオ的にも、ほかのキャラクターとのコミュニケーションから切断されている。それはまさに、『AIR』の世界に侵入した「見られずに見る」「透明な存在」そのものである。

しかしこの第三部では、キャラクター・レベルとプレイヤー・レベルの切断は、ササキバラの記述とはまったく逆の役割を果たしている。「視線」であることを義務づけられた第三部のプレイヤーは、決して全能感を感じない。選択肢を奪われ、観鈴や晴子とのコミュニケーションも断たれ、システム的にもシナリオ的にも作品内世界への介入手段を一切剝奪された私たちが感じるのは、欲望の解放ではなく、むしろ圧倒的な不能感である。観鈴は死にかけている。往人ならば救えるかもしれないが、プレイヤーにはどうしようもない。そこで示されているのは、プレイヤーである私たちとキャラクターである観鈴や晴子は異なる世界に生きており、したがって、私たちが彼女たちを救いたいと思おうが陵辱しようと思おうが、それはどちらにもなんの影響も及ぼさないのだ、という残酷な世界認識である。(9)

キャラクターの世界とプレイヤーの世界はなんの関わりももたない。これはあまりにも当然の話のように響く。虚構と現実が違うのは当たり前のことだ。しかし、ここで問題になっているのは、オタクたちの認知能力ではなく（その点ではオタクの圧倒的多数は普通の人々と変わらない社会生活を送っており、虚構と現実を問題なく区別している）、異なった位相のリアリ

（8）『〈美少女〉の現代史』、第四章。（初出時の注）

（9）初出時に筆者はここにつぎのような註釈をつけている。「『ＡＩＲ』の第三部は、この点で、二〇〇二年の『Ｅｖｅｒ17』と対照的な志向性を備えた作品だと言える。後者のトゥルーエンドは、プレイヤーがまさに、『ＡＩＲ』におけるカラスに相当するメタキャラクター、「第三視点」としてキャラクターたちに召喚されることで可能になる。『ＡＩＲ』においては、その二つのレベルとキャラクター・レベルの絶対的な切断が悲劇を不可避にするが、『Ｅｖｅｒ17』においては、プレイヤー・レベルとキャラクター・レベルの再縫合が悲劇の回避を可能にする」。本書の第2章で展開された構造的主題の議論は、ここから生まれた。メタ美少女ゲームの範例的な作品としての『Ｅｖｅｒ17』、そこへの批評的な介入である麻枝作品、という対立軸によって（作品の発表順からすればその順序は逆なのだが）、狭義の美少女ゲームの評価基準をひとつ作れるかもしれない。（本書収録時の注）

ティを交差させることでしか維持されない、彼らのアクロバティックな主体性のほうである。

一九七〇年代以降の日本では、主体性の根拠を見失い、父性や男性性を無自覚に担うことができず、文学的な内面を抱えた男性が増加した。二〇〇〇年代のオタクの少なからぬ割合は、世間一般のイメージとは異なり、そのような「女性化」(正確には「少女マンガ化」)した繊細な男性、かつてであれば「文学青年」と呼ばれたカテゴリーに属している。美少女ゲームは、その彼らに、新しい主体性を与えるジャンルとして支持されている。しかし、そこで獲得された「視線としての私」の全能感とは、実際には、見る側と見られる側、プレイヤーとキャラクター、メタレベルとオブジェクトレベルの切断を前提とした、圧倒的な不能感の裏返しでしかないのだ。それは驚くほど貧しい主体性である。そして、能動的なゲームプレイを奪い、往人と観鈴と晴子の人間関係が崩壊していくさまを数時間にわたって「見」させ続ける第三部のサディスティックな(あるいはマゾヒスティックな)構造は、プレイヤーに、その貧しさをあらためて突きつけるものにほかならない。

私たちは、不能であるがゆえに、全能であることができる。私たちは、(リアルな)観鈴を救えないがゆえに、(ヴァーチャルな)観鈴を愛することができる。私たちは、脱社会的な存在であるがゆえに、むしろもっとも誠実に国家について考えることができる。オタクたちの多くは、そのような「ダメ」な自己欺瞞、哲学から言葉を借りるとすれば「否定神学的」な詐術に身を委ねて日常生活を送っている。『AIR』のシナリオとシステムは、たがいに呼応しあって、オタクたちのその自意識の球体（クラインの壺？）を内側から蝕《むしば》んでいく。

4

『AIR』のゲームプレイにおいて、私たちは二度挫折を経験する。一度目に挫折するのは、「父になりたい」、すなわち、観鈴を救いたい、彼女とコミュニケーションをとりたいという、キャラクター・レベルでの素朴な欲望である（第一部）。二度目に挫折するのは、「父にはなれないが、自由にしたい」、すなわち、観鈴を救えないがゆえに性的視線のもとで対象化したい、コミュニケーションがとれないがゆえに永遠の少女として所有したいという、プレイヤー・レベルでの否定神学的な欲望である（第三部）。第一部の物語は、「零落したマッチョイズム」（家父長制補完的な想像力）を脱臼するが、第三部のシステムは、「ダメ」な自己欺瞞（反家父長制的な想像力に隠れて超家父長制的な欲望を密輸入する構造）を解体する。

このような二層性を備えている点で、自らの消費者であるオタクたちに向けられた『A

IR』の自己言及的な批評性は、同じタイプの批評性を備えた過去の名作、たとえば一九八四年の押井守の『うる星やつら2　ビューティフル・ドリーマー』や一九九五年の庵野秀明の『新世紀エヴァンゲリオン』と較べても、迫力の点でこそ劣るものの、よりスマートで洗練されていると言うことができる。「ダメ」の論理に身を委ねるオタクたちは、倫理の基準や主体性の根拠そのものが分裂しているため、単純な批判が難しい。かつてはその厄介さが、押井や庵野に、複雑で迂遠な、ときに素朴なまでにメタフィクションに近づく表現のアクロバットを強いていたのだが、『AIR』においては、その分裂は単純にシナリオとシステムの二層性によって吸収されている。

物語とメタ物語、シナリオとシステム、キャラクターとプレイヤー、オブジェクトレベルとメタレベル、虚構と現実、責任と無責任、反家父長制的感性（脱社会性）と超家父長制的感性（保守性）を解離させつつ共存させる美少女ゲームは、二〇〇〇年代のオタクたちに「楽園」を提供する最適のメディアであると同時に、彼らの自己欺瞞を抉り出す最高のツールにもなりうる。『AIR』は、その後者の頂点に位置する、きわめて批評的な作品である。

以上が筆者の『AIR』についての考えだが、それにしても、ここで「批評的」という言葉は何を意味しているのだろうか。あらためて指摘するまでもなく、『ＡＩＲ』は普通には批評的な作品ではない。それは、オタクたちの欲望を適度に満たす「泣きゲー」として、消費の論理に則って制作され成功を収めた商品のひとつにすぎない。『ＡＩＲ』は、おそらく、いかなる批評的な意識もなく制作され、いかなる批評的な意識も必要とされずに消費されている。筆者自身、ここまで論じてきたような『ＡＩＲ』の批評性を、麻枝准をはじめとするＫｅｙのスタッフが意識していたとは考えていないし、また、ユーザーの多くが上記のような読解を行ったとも考えていない。この点で、『ＡＩＲ』は、前掲の『うる星やつら2』や『エヴァンゲリオン』、それに元長とｏｔｈｅｒｗｉｓｅの『未来にキスを』などのような、明示的に批評的な作品とは質が異なっている。

にもかかわらず、筆者がここで「批評的」という言葉にこだわるのは、「批評的＝臨界的」(critical)とは、本来、明示的な批判や非難を指すのではなく、文学でも美術でもアニメでもゲームでも、とにかくなにか特定のジャンルにおいて、その可能性を臨界まで引き出そうと試みたがゆえに、逆にジャンルの条件や限界を無意識のうちに顕在化させてしまう、そのようなアクロバティックな創造的行為一般を指す形容詞だったはずだからである。

ここまでの議論で明らかになったように、私たちは、『ＡＩＲ』の分析を通じて、美少女ゲームというジャンルそのものの条件や限界をより深く理解することができる。言いかえれば、この作品は、作家自身の意図やユーザーのプレイ感覚とは直接には関係なく、ジャンルが隠していたものを顕在化する通路として機能する。この特徴があるかぎりにおいて、筆者は『AIR』を「批評的」な作品と呼びたいと思う。

本論ではその一部しか紹介できなかったが、『AIR』はそもそも、美少女ゲームのひとつの可能性だけを徹底して推し進めた、ほとんど実験的と言ってもよい作品である。シナリオは、物語消費を駆動する世界設定やキャラクター設定を削ぎ落とし、きみとぼくの小さな物語に禁欲的なまでに閉じこもっているし、システムは、アドベンチャーゲームで要求される「ゲーム性」を無視し、プレイヤーの自由度を極限まで落としているし、グラフィックは、美少女ゲームのユーザーの期待を大胆に裏切り、性行為の場面をほとんど排除している。このような異形の作品が、いちどでも大きな商業的成功を収めたということ。私たちはむしろその事実に驚かなければならない。『AIR』はその意味でも美少女ゲームの臨界点（critical point）に位置しており、そしてそれは、同時に、この作品が美少女ゲームについての批評的な出発点（critical point）になることを意味している。

最後に、蛇足をひとつ付け加えたい。佐藤心は『新現実』第二号で、『AIR』について興味深い解釈を記している。彼によれば、観鈴の苦しみは物語世界内では決して報われることがないが、第一部から第二部、そして第三部へとゲームプレイを進めてきたプレイヤー自身の記憶によって、別のレベルで救われる。第三部のカラスは「幸せと悲しみのすべてを目撃し、作品世界を生きた、プレイヤーの「記憶」の塊」の象徴であり、それが最後で空に飛び立つ場面は、プレイヤーの記憶が「翼人」たちの世界に届き、観鈴を苦しめていた彼らの魂が消滅する可能性を暗示している。[10] 私たちが『AIR』をプレイしたということ、それだけがキャラクターに、そして私たちに「祝福」をもたらす、それがこの作品の中核にあるメッセージなのだ、と佐藤は主張する。

この解釈が一般のプレイ感覚に照らしてどこまで妥当なものなのか、筆者には判断できない。また、そのあまりにも過剰な解釈は、キャラクター・レベルとプレイヤー・レベルの断絶をなんとか埋めようとする、前述したような自己欺瞞の欲望の表れにほかならないようにも見える。

しかしその感覚は、本論の試みにも深く関係している。観鈴は、『AIR』の物語の内部では絶対的に救われない。彼女の死は避けられないし、おまけにその死にはほとんどな

(10) 佐藤心、「オートマティズムが機能する2」、二五〇頁。(初出時の注)

んの意味もない（設定によれば、彼女は「翼人」の魂に偶然選ばれただけであり、彼女が死んでも魂は次の犠牲者を求め空に帰るだけである）。したがって、その無意味さを意味づけようとすれば、私たちは、物語の外部から、この『ＡＩＲ』という作品全体を分析し再解釈するほかない。そのような行為は、一般に「批評」と呼ばれる。

私たちは、観鈴の死を前にして、強烈な不能感を感じる。それを「ダメ」の論理によって無自覚なまま全能感（萌え）へと変換するのではなく、その手前で、不能性について批評的思考を粘り強く巡らせてみること。「幸せと悲しみのすべてを目撃し、作品世界を生きた、プレイヤーの「記憶」の塊」を手渡していくこと、それはすなわち、この作品について批評的言説の連鎖を紡いでいくことである。おそらく、私たちオタクには、観鈴を救う方法はそれしか残されていない。少なくとも、この作品には、私たちをそのような妄想へと誘う過剰さが含まれている。

参照文献

『動物化するポストモダン』と異なり、以下の参照文献で書誌情報を掲げたのは、注において実質的に参照したもののみである。また本書では、参考作品の表も作成していない。本文でタイトルを挙げた書誌情報やゲームの販売情報については、各自ネットで調べられたい。このように方針を転換したのは、前著出版の二〇〇一年に比較して、二〇〇七年のいまではネット検索の精度がはるかに高く、またはるかに普及しているからである。かわりに本書では固有名索引を付した。


東浩紀、『存在論的、郵便的』、新潮社、一九九八年。

東浩紀、『動物化するポストモダン』、講談社（講談社現代新書）、二〇〇一年。

東浩紀、「メタリアル・フィクションの誕生」第一回、『ファウスト』第一号、講談社、二〇〇三年。

東浩紀（編）、『美少女ゲームの臨界点』、波状言論、二〇〇四年。

東浩紀（編）、『美少女ゲームの臨界点＋1』、波状言論、二〇〇四年。

アルファ・システム（監修）、『アルファ・システム　サーガ』、樹想社、二〇〇四年。

石川忠司、『現代小説のレッスン』、講談社（講談社現代新書）、二〇〇五年。

伊藤剛、『テヅカ・イズ・デッド』、NTT出版、二〇〇五年。

稲葉振一郎、『モダンのクールダウン』、NTT出版、二〇〇六年。

梅田望夫、『ウェブ進化論』、筑摩書房（ちくま新書）、二〇〇六年。

大泉実成（編）、『庵野秀明　スキゾ・エヴァンゲリオン』、太田出版、一九九七年。

大塚英志、『物語の体操』、朝日新聞社、二〇〇〇年。

大塚英志、『定本　物語消費論』、角川書店（角川文庫）、二〇〇一年。

大塚英志、『キャラクター小説の作り方』、講談社（講談社現代新書）、二〇〇三年。

大塚英志、『アトムの命題』、徳間書店、二〇〇三年。

大塚英志、『サブカルチャー文学論』、朝日新聞社、二〇〇四年。

大塚英志、『「おたく」の精神史』、講談社（講談社現代新書）、二〇〇四年。

大塚英志、『キャラクター小説の作り方』、角川書店（角川文庫）、二〇〇六年。

大塚英志、大澤信亮、『「ジャパニメーション」はなぜ敗れるか』、角川書店（角川ＯＮＥテーマ21）、二〇〇五年。

岡田斗司夫、『オタク・イズ・デッド』、ロケット野郎、二〇〇六年。

笠井潔、『ミネルヴァの梟は黄昏に飛びたつか？』、早川書房、二〇〇一年。

笠井潔、『探偵小説と記号的人物』、東京創元社、二〇〇六年。

柄谷行人、『日本近代文学の起源』、講談社（講談社文芸文庫）、一九八八年。

北田暁大、『嗤う日本の「ナショナリズム」』、日本放送出版協会（ＮＨＫブックス）、二〇〇五年。

北田暁大、「ディスクルス（倫理）の構造転換」、URL=http://ised.glocom.jp/ised/20050312
木原善彦、『ＵＦＯとポストモダン』、平凡社（平凡社新書）、二〇〇六年。

『このミステリーがすごい！』編集部（編）、『このライトノベルがすごい！２００６』、宝島社、二〇〇五年。

桜坂洋、『Ａｌｌ　Ｙｏｕ　Ｎｅｅｄ　Ｉｓ　Ｋｉｌｌ』、集英社（集英社スーパーダッシュ文庫）、二〇〇四年。

桜坂洋、『スラムオンライン』、早川書房（ハヤカワ文庫JA）、二〇〇五年。

ササキバラ・ゴウ、「傷つける性　団塊の世代からおたく世代へ」、『新現実』第二号、角川書店、二〇〇三年。

ササキバラ・ゴウ、『〈美少女〉の現代史』、講談社（講談社現代新書）、二〇〇四年。

佐藤心、「オートマティズムが機能する2」、『新現実』第二号、角川書店、二〇〇三年。

更科修一郎、「『雫』の時代、青の時代。」、東浩紀（編）、『美少女ゲームの臨界点』、波状言論、二〇〇四年。

新城カズマ、『ライトノベル「超」入門』、ソフトバンク　クリエイティブ（ソフトバンク新書）、二〇〇六年。

清涼院流水、『コズミック』、講談社（講談社ノベルス）、一九九六年。

高山浩とグループSNE、『ロードス島戦記　コンパニオン』、角川書店、一九八九年。

谷川流、『涼宮ハルヒの憂鬱』、角川書店（角川スニーカー文庫）、二〇〇三年。

谷川流、『涼宮ハルヒの消失』、角川書店（角川スニーカー文庫）、二〇〇四年。

中野独人、『電車男』、新潮社、二〇〇四年。

仲俣暁生、『ポスト・ムラカミの日本文学』、朝日出版社、二〇〇二年。

仲俣暁生、『極西文学論』、晶文社、二〇〇四年。

仲俣暁生、「ポップでライヴな小説を待つ！」、ガガガ文庫編集部（編）、『ライトノベルを書く！』、小学館、二〇〇六年。

西尾維新、「流水解説」、清涼院流水、『カーニバル　一輪の花』、講談社（講談社文庫）、二〇〇三年。

PCエンタテイメント書籍編集部、『Ever17　ビジュアルファンブック』、エンターブレイン、二〇〇二年。

Gonzalo Frasca, "Ludology meets narratology". URL=http://www.ludology.org/articles/ludology.htm
舞城王太郎、『九十九十九』、講談社（講談社ノベルス）、二〇〇三年。

舞城王太郎（愛媛川十三）、「いーから皆密室本とかJDCとか書いてみろって。」、『群像』二〇〇三年一二月号、二〇〇三年。

桝山寛、『テレビゲーム文化論』、講談社（講談社現代新書）、二〇〇一年。

水野良、『ロードス島戦記』、角川書店（角川文庫）、一九八八年。

宮台真司、『制服少女たちの選択』、講談社、一九九四年。

森川嘉一郎、「オタク二〇周年に寄せて」、『ファウスト』第一号、講談社、二〇〇三年。

ローレンス・レッシグ、『FREE CULTURE』、翔泳社、二〇〇四年。

あとがき

本書の本論部分（序章から第2章まで）は、二〇〇三年から二〇〇五年にかけ、『ファウスト』第一号、第二号、第三号、第四号、第六号ｓｉｄｅ‐Ａに掲載された「メタリアル・フィクションの誕生」を基礎として、二〇〇六年の後半に書き下ろされたものである。「メタリアル・フィクションの誕生」にも「動物化するポストモダン２」と副題が付されており、また参考文献も重なっているが、議論そのものは完全に書きかえられている。「メタリアル・フィクションの誕生」は、別に評論集に収録される予定なので、興味のある読者は読み較べてみてほしい。

また末尾に、付録として本書の議論と関係する評論を二つ収録した。初出情報はそれぞれの冒頭に記してある。用語法や議論の構図など、本論部分といささか異なるところもあるが、参考までにお読みいただきたい。

本書の執筆にあたっては、実にさまざまなひとに影響を受け、情報をいただいた。序章でも記したように、本書はライトノベル・ブームの直中で構想され、執筆された書物である。筆者はこの数年間、多くの作家や編集者と会い、企画の現場に身を置いてきた。筆者の関心はいささか抽象的な問題にあり、したがってそこで得た情報の多くが残念ながら活かされなかったが、その「時代」の熱気は確実に本書の基礎を形作っている。ひとりの書き手として、二〇〇〇年代前半の五年間、そのような現実に巻きこまれたことは望外の喜びであり、また貴重な経験だった。その経験がなければ、『動物化するポストモダン』の続編はおそらくなかっただろうし、書かれたとしてもまったく別の内容になっていたことだろう。

そこで筆者はまず、筆者をその狂騒に引き入れた編集者、前掲の『ファウスト』の編集長でもある、講談社の太田克史氏に感謝の意を表したいと思う。「メタリアル・フィクションの誕生」が書きかえられると聞き、彼はいささか悲しげな表情を浮かべたものだが、本書の内容が彼のその寂しさを十分に埋めあわせるものであることを、筆者は信じている。

本書は、ポストモダン論でありオタク論であると同時に、また文学論でもある。その執筆のあいだ、実は筆者は筒井康隆氏のことを考えていた。

筆者は筒井氏に大きな迷惑をかけたことがある。まだ『動物化するポストモダン』が出版されるまえの話だが、筒井氏から、彼が編者を務める論文集への寄稿の依頼をいただき、いちどは快諾したにもかかわらず、結局は論文が書けず、締切の直前にお詫びの手紙を出すことになってしまった。そのときに与えられた課題は「ポストモダンの文学」だったが、当時の筆者には、その課題のもとではどうしても肯定的な議論が立てられず、「ポストモダンでは文学は求められなくなる」としか答えられなかったのである。そこで悩んだあげく、掲載の辞退を申し出たのだが、結果として筒井氏に心労を強いることになってしまった。いまでもたいへんに申しわけなく感じている。

本書は、一読していただければ明らかなように、その答えられなかった課題に対し、ポストモダンの定義を拡張し、文学の範囲を拡張することで、まったく別の論理と事例のうえで答えようとした試みである。筒井氏が上記の経緯をご記憶かどうか、またたとえご記憶だったとして、このような変則的な返答を喜ばれるかどうか、筆者にはまったく予想がつかない。しかし、筆者としてはとりあえずは、この本の出版で、一九九〇年代の末、筒井氏より託された重い宿題をようやく終わらせることができたと感じている。本書は筒井氏に捧げたい。

本書は決して長い書物ではない。むしろ小著と言うべきものだが、執筆にあたってはたいへんに苦労し、予想以上に長い時間がかかってしまった。いくども出版計画の変更をお願いし、大きな迷惑をかけ続けるなか、辛抱強く脱稿を待ってくれた講談社現代新書の担当編集者、田中浩史氏に感謝したい。また、その長引く執筆生活を支えてくれた家族の二人、とりわけ、彼女自身の執筆を抱えているにもかかわらず、筆者の作業を優先して育児を分担してくれた妻に感謝したい。

また、前著に引き続いて、本書で引用した書物および図版の原作者の方々にも感謝したい。

そして最後になってしまったが、すでに三〇代も半ばを過ぎ、いよいよ錆びが目立ちつつある筆者のアンテナを補ってくれている若い友人たち、そしてそのまわりに仮想的に拡がる、ウェブの言説空間の担い手たちにも、あらためてこの場を借りて、感謝の意を表しておきたい。

本書は書籍であり、出版の論理のなかで作られ、したがってネット上のリソースへの参照は限られている。しかし、議論の内容は、出版の外に拡がる言論の場と深く繋がっている。ライトノベル・ブームが本書の誕生に影響を与えたのと同じように、二〇〇〇年代前半の「ブログ論壇」の台頭が、そしてそのオルタナティブな言論空間への若い書き手の参入がなければ、本書の内容はやはりまったく異なっていたことだろう。本書もまた、前著に続き、若い読者が新しい批評を開くための道具のひとつになってくれれば、とても嬉しく思う。

二〇〇七年二月一六日

東浩紀

●ハ行

●マ行

●ヤ行

●ラ行

●ワ行

●タ行

●ナ行

固有名索引（注部分は除く）

N.D.C. 914　339p　18cm
ISBN978-4-06-149883-9

講談社現代新書　1883
ゲーム的《てき》リアリズムの誕生《たんじょう》——動物化《どうぶつか》するポストモダン2
二〇〇七年三月二〇日第一刷発行　二〇二五年二月五日第一四刷発行

著者　東《あずま》　浩紀《ひろき》　

発行者　篠木和久
発行所　株式会社講談社
東京都文京区音羽二丁目一二—二一　郵便番号一一二—八〇〇一
電話　〇三—五三九五—三五二一　編集（現代新書）
〇三—五三九五—五八一七　販売
〇三—五三九五—三六一五　業務
装幀者　中島英樹
印刷所　株式会社KPSプロダクツ
製本所　株式会社KPSプロダクツ
定価はカバーに表示してあります　Printed in Japan

「講談社現代新書」の刊行にあたって

教養は万人が身をもって養い創造すべきものであって、一部の専門家の占有物として、ただ一方的に人々の手もとに配布され伝達されうるものではありません。

しかし、不幸にしてわが国の現状では、教養の重要な養いとなるべき書物は、ほとんど講壇からの天下りや単なる解説に終始し、知識技術を真剣に希求する青少年・学生・一般民衆の根本的な疑問や興味は、けっして十分に答えられ、解きほぐされ、手引きされることがありません。万人の内奥から発した真正の教養への芽ばえが、こうして放置され、むなしく滅びさる運命にゆだねられているのです。

このことは、中・高校だけで教育をおわる人々の成長をはばんでいるだけでなく、大学に進んだり、インテリと目されたりする人々の精神力の健康さえもむしばみ、わが国の文化の実質をまことに脆弱なものにしています。単なる博識以上の根強い思索力・判断力、および確かな技術にささえられた教養を必要とする日本の将来にとって、これは真剣に憂慮されなければならない事態であるといわなければなりません。

わたしたちの「講談社現代新書」は、この事態の克服を意図して計画されたものです。これによってわたしたちは、講壇からの天下りでもなく、単なる解説書でもない、もっぱら万人の魂に生ずる初発的かつ根本的な問題をとらえ、掘り起こし、手引きし、しかも最新の知識への展望を万人に確立させる書物を、新しく世の中に送り出したいと念願しています。

わたしたちは、創業以来民衆を対象とする啓蒙の仕事に専心してきた講談社にとって、これこそもっともふさわしい課題であり、伝統ある出版社としての義務でもあると考えているのです。

一九六四年四月　野間省一

哲学・思想Ⅰ

Ⓐ

哲学・思想Ⅱ

13 論語――貝塚茂樹
285 正しく考えるために　岩崎武雄
324 美について――今道友信
1007 日本の風景・西欧の景観――オギュスタン・ベルク　篠田勝英 訳
1123 はじめてのインド哲学　立川武蔵
1150 「欲望」と資本主義――佐伯啓思
1163 「孫子」を読む――浅野裕一
1247 メタファー思考――瀬戸賢一
1248 20世紀言語学入門　加賀野井秀一
1278 ラカンの精神分析――新宮一成
1358 「教養」とは何か――阿部謹也
1436 古事記と日本書紀　神野志隆光
1439 〈意識〉とは何だろうか　下條信輔
1542 自由はどこまで可能か　森村進
1544 倫理という力――前田英樹
1560 神道の逆襲――菅野覚明
1741 武士道の逆襲――菅野覚明
1749 自由とは何か――佐伯啓思
1763 ソシュールと言語学――町田健
1849 系統樹思考の世界――三中信宏
1867 現代建築に関する16章　五十嵐太郎
1875 日本を甦らせる政治思想　菊池理夫
2009 ニッポンの思想――佐々木敦
2014 分類思考の世界――三中信宏
2093 ウェブ×ソーシャル×アメリカ　池田純一
2114 いつだって大変な時代――堀井憲一郎
2134 いまを生きるための思想キーワード――仲正昌樹
2155 独立国家のつくりかた　坂口恭平
2164 武器としての社会類型論　加藤隆
2167 新しい左翼入門――松尾匡
2168 社会を変えるには――小熊英二
2172 私とは何か――平野啓一郎
2177 わかりあえないことから　平田オリザ
2179 アメリカを動かす思想　小川仁志
2216 まんが　哲学入門――森岡正博　寺田にゃんこふ
2254 教育の力――苫野一徳
2274 現実脱出論――坂口恭平
2290 闘うための哲学書――小川仁志　萱野稔人

宗教

27 禅のすすめ——佐藤幸治
135 日蓮——久保田正文
217 道元入門——秋月龍珉
606 「般若心経」を読む——紀野一義
667 生命《いのち》あるすべてのものに マザー・テレサ
698 神と仏——山折哲雄
997 空と無我——定方晟
1210 イスラームとは何か——小杉泰
1469 ヒンドゥー教 クシティ・モーハン・セーン 中川正生 訳
1609 一神教の誕生——加藤隆
1755 仏教発見！——西山厚
1988 入門 哲学としての仏教 竹村牧男
2100 ふしぎなキリスト教——橋爪大三郎 大澤真幸
2146 世界の陰謀論を読み解く——辻隆太朗
2150 ほんとうの親鸞——島田裕巳
2159 古代オリエントの宗教 青木健
2220 仏教の真実——田上太秀
2241 科学vs.キリスト教——岡崎勝世
2293 善の根拠——南直哉

Ⓒ

日本史

1258 身分差別社会の真実——斎藤洋一・大石慎三郎
1265 七三一部隊——常石敬一
1292 日光東照宮の謎——高藤晴俊
1322 藤原氏千年——朧谷寿
1379 白村江——遠山美都男
1394 参勤交代——山本博文
1414 謎とき日本近現代史 野島博之
1599 戦争の日本近現代史 加藤陽子
1648 天皇と日本の起源 遠山美都男
1680 鉄道ひとつばなし——原武史
1702 日本史の考え方——石川晶康
1707 参謀本部と陸軍大学校 黒野耐

1797 「特攻」と日本人——保阪正康
1885 鉄道ひとつばなし2——原武史
1900 日中戦争——小林英夫
1918 日本人はなぜキツネにだまされなくなったのか 内山節
1924 東京裁判——日暮吉延
1931 幕臣たちの明治維新 安藤優一郎
1971 歴史と外交——東郷和彦
1982 皇軍兵士の日常生活 一ノ瀬俊也
2031 明治維新 1858-1881 坂野潤治・大野健一
2040 中世を道から読む——齋藤慎一
2089 占いと中世人——菅原正子
2095 鉄道ひとつばなし3——原武史
2098 戦前昭和の社会 1926-1945——井上寿一

2106 戦国誕生——渡邊大門
2109 「神道」の虚像と実像 井上寛司
2152 鉄道と国家——小牟田哲彦
2154 邪馬台国をとらえなおす——大塚初重
2190 戦前日本の安全保障——川田稔
2192 江戸の小判ゲーム——山室恭子
2196 藤原道長の日常生活 倉本一宏
2202 西郷隆盛と明治維新 坂野潤治
2248 城を攻める 城を守る——伊東潤
2272 昭和陸軍全史1——川田稔
2278 織田信長〈天下人〉の実像 金子拓
2284 ヌードと愛国——池川玲子
2299 日本海軍と政治——手嶋泰伸

Ⓖ

世界史Ⅰ

世界史Ⅱ

心理・精神医学

331 異常の構造――木村敏
590 家族関係を考える――河合隼雄
725 リーダーシップの心理学――国分康孝
824 森田療法――岩井寛
1011 自己変革の心理学――伊藤順康
1020 アイデンティティの心理学 鑪幹八郎
1044 〈自己発見〉の心理学 国分康孝
1241 心のメッセージを聴く 池見陽
1289 軽症うつ病――笠原嘉
1348 自殺の心理学――高橋祥友
1372 〈むなしさ〉の心理学 諸富祥彦
1376 子どものトラウマ――西澤哲
1465 トランスパーソナル心理学入門――諸富祥彦
1625 精神科にできること 野村総一郎
1752 うつ病をなおす――野村総一郎
1787 人生に意味はあるか 諸富祥彦
1827 他人を見下す若者たち 速水敏彦
1922 発達障害の子どもたち――杉山登志郎
1962 親子という病――香山リカ
1984 いじめの構造――内藤朝雄
2008 関係する女 所有する男――斎藤環
2030 がんを生きる――佐々木常雄
2044 母親はなぜ生きづらいか――香山リカ
2062 人間関係のレッスン 向後善之
2076 子ども虐待――西澤哲
2085 言葉と脳と心――山鳥重
2090 親と子の愛情と戦略 柏木惠子
2101 〈不安な時代〉の精神病理――香山リカ
2105 はじめての認知療法――大野裕
2116 発達障害のいま――杉山登志郎
2119 動きが心をつくる――春木豊
2121 心のケア――加藤寛 最相葉月
2143 アサーション入門――平木典子
2160 自己愛な人たち――春日武彦
2180 パーソナリティ障害とは何か――牛島定信
2211 うつ病の現在――佐古泰司 飯島裕一
2231 精神医療ダークサイド 佐藤光展
2249 「若作りうつ」社会――熊代亨

知的生活のヒント